恋愛上手
とっておきの方法

恋愛カウンセラー
キャシー天野

グラフ社

星の王子様がバラの花を愛したわけ

星の王子様は、バラの花を愛しました。
王子様がそのバラを愛したのは、
王子様にとって、そのバラは、
世界でたった一りんのバラだったからです。
そして、バラは、「そこにいる」ことで、
愛する喜びを王子様に与えたからなのです。

王子様に愛する喜びを呼び覚ます力を、あなた自身の心の中から見つけてみませんか

もくじ

第1章 あなたは、こんなにも魅力的になれるのです

あなたの本当の魅力を沸き立たせるためのあなただけのテーマ

第２章

彼の心をとらえるために

彼の心をとらえようとする不自然さがなくなると、
彼はあなたを女性として意識するようになります

第3章

きれいになるあなた

女性が目指すきれいは、
男性が望んでいるきれいと違うことを知っていますか

第4章

男性を動かす資質

女性に親切にするのと同じ方法を使ってはいませんか
男性を動かす方法を使うと
男性はあなたを守ろうとしてくれるようになるのです

第５章

彼とうまくいかせる意外な方法

恋愛には必ず原因があって、今の二人があります

第6章

運命の出会いをするために

運命を作り出すことはできるのです。
しかしそれには、今見えないことを見出さなければなりません

第 1 章

あなたは、こんなにも魅力的になれるのです

あなたの本当の魅力を沸き立たせるための
あなただけのテーマ

理想の男性に愛されない本当の理由

恋愛に悩む女性の相談を聞いていると、面白いことに気がつきます。それはその人の持っている恋愛の癖を治すと、問題が自然と解決していくということです。

恋愛癖は、偏った考え方です。誰にでもこの恋愛癖はあります。情緒が安定していれば、その癖は恋愛を駄目にしませんが、不安定な場合は、その癖が悪いほうに出てきます。そして、気がつかずに変なことをしてしまうのです。

恋愛癖はあなたの生き方そのものでもあるのです。この生き方の癖で、今のあなたの周りの状況ができあがっているのです。

そのような恋愛癖で恋愛がうまくいかない例を挙げてみましょう。「何度おつき合いをしてもすぐにつき合っている相手がわがままになり、うまくいかなくなる」とある女性から相談されました。彼女の恋愛のようすを聞いているうちに、自分の嫌なことでもある程度男性の言うことを聞かないといけないと信じていることに気がつきました。そうしないと相手から嫌われると非常に恐れているのです。しかも、出会った男性が彼女を求めてくれないと、女性として魅力がないのではないかと不安になるのでした。そのような考え方が根底にあるために、彼女の態度はあいまいでした。断っているようでもすぐに男性の車に乗ります。手を振り払っても男性に嫌われたくないという気持がありありと伝わります。男性は、そのようなタイプの女性には、最初のころは優しい言葉をかけてくれるのです。しかしその人らしさを好きになる前に、その女性が彼にすべてを与えてしまうので、その女性に魅力を感じなくなってきます。

相手から愛される前に男性を受け入れた場合、男性はその女性を心の底から大切にすることが難しくなります。しかも出会ってすぐに肉体関係を結んだ場合は、最初は熱心に求めてくれた彼のほうがだんだん彼女をぞんざいに扱う傾向があります。彼女が傷つくような冗談を言うこともあるし、二年以内で別れてしまう例も多いのです。彼女の場合も、相手の男性に好かれると思ってしていたことが、実は反対に男性を遠ざけていたのです。

つき合うたびにいつも二人の間に問題が起きてくる、あるいは同じような別れ方をするのであれば、そこには必ず原因があります。そのような、原因になっている自分の恋

愛癖を探し、気がつかずにしている行いを変えると、男性のあなたに対する見方も変わってきます。彼女の場合も、今まで気がつかずにしていた行動をしないようにすることで、まじめなタイプの男性が彼女に関心を持つようになりました。

恋愛癖を治すと、出会い運が変わります

恋愛癖を知ると、出会い運も変わります。すると自分を好きになってくれる男性のタイプも変わってきます。今まで「嫌だなあ」と思う男性しか引き寄せなかった女性でも、引き寄せる男性が自分の好きなタイプに近づいてきます。

一つの恋愛癖がどのように相手を遠ざけるかをお話ししましょう。最初のデートで関心を引こうと一生懸命に自分の話をしたことがありますか。そのようなとき、どんなに自分が純真でがんばっているかを、意識していないにしろ話そうとしてはいませんか。

心の中のことを話して、悩みを話すことで親しくなろうと企ててはいませんか。

このような女性たちの信じていることは、「無意味な話をしたら、馬鹿にされてよい印象をもたれない」ということです。それから、「自分の感情や、悩みや、体験を打ち明けたら打ち明けるだけ、相手に愛される」と考えています。そういった女性の話を男性は一生懸命に聞いてはくれても、「異性としてはちょっと」と感じてしまいます。無意識に混ぜられる他の人への批判は嫌なものです。また、苦労話に関心はもっても、女性としての魅力を感じないのです。その女性が明るく話しているようでも、「こんな私を見て」という要求が感じられて、その女性が安っぽく見えるからです。

そのように何かを打ち明けて男性の関心を引こうとしていると、自分の理想の男性であればあるほど、最初から人情味をあけ広げにしてがんばろうとしてしまいます。そのようにすると、男性は彼女を友だちとは考えても、女性とは見てくれないこともあります。一生懸命に身の上話をしてつき合うことになっても、「最初は熱心に私を慰めてくれたのに、だんだん私への興味が減っているみたい」と悩む女性もいます。

そういった女性たちは、感情をあけすけに話さずに男性とつき合っている女性を見ると、「なんであの人は会話に気遣いもないのに、男性に好かれるのだろう」と考えることもあります。

初対面でいつも用意している話があるのであれば、それはあなたがその話をしないと彼に好かれないと思っているからです。それは両親とのことで苦労したということかもしれないし、恋愛のことかもしれません。仕事でどんな責任をまかされているかを話さないと落ち着かない人もいます。もちろん、聞かれればそのような話をすることもあるでしょう。しかしそれが、そうしないとそのままの自分を受け入れてもらえるという確信がないからだとすると、問題があります。人間というのは不思議なもので、自分が彼に釣り合わなくて、立場が低いと思い込んでいると、相手はあなたを高く評価しなくなります。**心を開かないと好かれないのではないかとあなたが心配なのはわかりますが、最初から心を開いて、心情をくどくど述べても、男性は相手を好きになるということはありません。**女性同士ならば、最初から恋愛の失敗談を話すことは、相手と仲良くなる方法かもしれません。そのような話をしょっぱなからすれば、男性だって親身に話を聞いてくれ、ひょっとしたらホテルに行って慰めてくれるかもしれません。しかし**女性が身の上話を最初からどんどんすると、相談相手にはなってくれても、心から深く尊敬し愛する気持を持ちにくくなるのです。**

男性から愛されたときに、少しずつ心を開くことで、男性はその女性をどんどん知りたいと思うようになります。心を開くのは、彼があなたの気持を受け入れてくれるようになってからなのです。こちらから「私を受け止めて」と強制してもうまくいきません。彼の準備ができれば、あなたを全面的に受け入れてくれるはずです。

デートをしてもなかなかおつき合いができなかった女性が、今まですぐに相手に話していた過去の恋愛の話や、父親が亡くなったけれどもけなげに生きているという話をしないように努力しました。最初のデートでは相手の話を聞くことと、口数を少なくするようにしました。そのようなことを自然に話す機会はありましたが、彼女は前のように、このことを話そうと慌てませんでした。自分の考えていることや、感じていることを慎重に話しました。そのようにしたところ、彼女は、理想的な男性からつき合ってほしいと言われたのです。

このように、**自分がしていたことを変えるには、忍耐が必要です。すぐに「あ、これ、話したい！」とむずむず話したい中毒が出てきますが、デートを始めたばかりの相手であるならば、相手の話を聞くことに集中してみましょう。**

今までの例はほんの一例ですが、その人の持つ恋愛癖は、その人の持つ人生での癖でもあります。その人が一番価値を置いているところですが、「こうしなければならない」という恐れでもあります。こうしないと人に好かれないと考えて何かをするのは、その人にとっては「あたりまえのこと」「常識」なのです。ですから、なかなか癖に気がつくことができません。しかし**この本で、自分の持っている癖を変えることができれば、すてきな未来が待っていることでしょう。**

自分のテーマが見つかれば、あなたの魅力は輝きだす

あなたの魅力はなんでしょうか。きれいな方なら、第一印象がよいということも魅力の一つでしょう。誠実で正直であれば、それも魅力です。ちゃめっけがあるのも、甘えん坊なのも、魅力になります。さまざまな特質がある中で、それらは「あなたそのもの」ですから、そのままあなたらしさとして愛される資質です。しかし**自分が魅力的だ**

と考えているもののどれもが、他の人にあまり受け入れられていないと感じているとしたら、それは今乗り越えなければならないテーマがあるからです。テーマは、「これを乗り越えてごらん。そしたらあなたらしく輝けるよ」とあなたのそばで教えてくれているはずです。

四十歳を過ぎている女性が、出会いがないと悩んでいました。年齢のこともあって非常に結婚したいと思っていました。そのためにさまざまな人と会ってみたのですが、なかなか彼女を気に入ってくれる男性がいませんでした。

彼女の話を聞いているうちに、彼女は「きれいな人はあまり人柄もよくないのに、男性をだまして好かれている。わたしはこんなに純真なのに、容姿が恵まれず年齢もいっているだけの理由で男性に好かれない」と考えていることがわかりました。彼女の場合、この思い込みがあるために、それは会話にも表われていたのです。会話の端々に、「私は醜い」ということを言って人のよさを強調していたのです。特徴は、彼女はときどき、自分の容姿を笑いものにすることでした。「頭が大きいから、目立つんだよね」などと言って、自分が容姿を気にしていないと言おうとしていました。それは彼女が、どんなにけなげに生きているかを見てほしかったからなのですが、相手の男性は常に「そんなことないよ」と彼女を慰めなければならず、その女性によい印象は持てませんでした。彼女は「そんなことないよ」と言われるときに、自信を持つことができたので、わざとそのように話をしていたのです。彼女はそのことに気がつきました。そして自分に自信を持つようにつとめ、自分の魅力をそういった「他の人」と比べて認めてもらおうとしたり、「このせいでこうなった」という言い訳を一切使わないように努力したところ、結婚相手と出会うことができたのです。

欠点を含めてすべてが魅力となります。しかし時として、さまざまな恐れから卑屈になったり、あるいは女性らしくしなくてはなどと考えて、行動が不自然になったり、自分の持っている能力を見せなければと気張っているために、高飛車な印象を与えていることもあります。あなたは、あなたのままで愛されるのです。なぜなら、人は愛される存在だからです。それを心の底から認めることができたとき、あなたの魅力は外へ輝きだします。

あなたの魅力は、あなたそのものを受け入れたときに輝きだすのです。

その人のテーマは、今までの見方をちょっと変えてみるだけで、優しく未来の扉を開いてくれます。

あなたを輝かせる内面の幸せ

男性をひきつける魅力の中に、幸せを味わっている魅力、ということがあります。これはその女性がお金持ちであるとか、恵まれた状況でなければならないということではありません。悩み事がないということでもありません。**一瞬一瞬をきちんと生きていて、喜びを表せる女性に男性は魅力を感じるのです。**

男性にとって魅力的な女性は、情緒が安定しています。眉間にしわをよせていらいらしている女性が嫌われるのはおわかりだと思いますが、気持が安定していると、安定している男性をひきつけます。そういったあなたの心の内面の豊かさを愛する男性は、あなたをとても大切にしてくれるようになります。その人の内面の強さや喜びが彼の心の支えになるからです。

心の底から自分が幸せであるという気持を外に輝かせるには、「その時間を楽しむ」ということが一番です。幼い子供たちがかわいらしいのは、その時間を精いっぱいに楽しんでいるからです。子供たちは丁寧に遊びます。決していらいらしながら、「こんなことをしている場合じゃないのに」などと考えて、おもちゃの電車を動かしたりままごとの料理を作ったりしません。そばから見るとつまらない遊びでも、そのことに没頭しているのです。一つ一つのことから喜びを見出すと、しぐさもゆったりときれいになります。そのようなときの子供たちは大変にかわいらしいのです。

あまり機敏でもなくぱっとしないのに、男性に好かれているような女性があなたの周りにいるかもしれません。しかしその人は、その時間をゆったり味わうことができる女性なのです。

あなた自身のことを考えてみても、あなたが何かに集中していて、男性が微笑んで見守ってくれている、そんな瞬間があったこともあるでしょう。そういった時間はとてもうれしいものです。

しかしこう言うと、女性は「あなたがいるからうれしい」と、喜びを無理に表わそうとします。その男性がいるからうれしい、そういった気持は確かに男性にとってもありがたいものですが、男性はその女性が幸せであることに喜びを感じます。**自立せずに、彼がいないと不安だという女性を演じていると、相手はだんだんと退屈になります。**いつも相手に振り向いてもらえない女性がいるとしたら、自分自身で喜びを得ようとせず、彼にべったりで、彼のために尽くしてばかりいないかどうか振り返ってみてください。「彼のために」何かをしているばかりだと、彼には「わたしがこれだけしてあげているのよ」というように聞こえてきます。ですから、**「自分のために」何かをしていない女性は、だんだんと男性には重たく感じられてきます。**

思いやりは大切なものです。だからといって趣味も何もかも彼と一緒にいるためにやめてしまうことは、長い目で見て二人の関係にとってはよいことではありません。相手の電話をいつも待っていてはだめなのです。**あなたが彼にすがるのではなく、自分自身の喜びを表わせるようになったら、恋愛の達人です。**

彼が今いないから不安、その気持はよくわかります。彼がいるから彼のことしか考えられない、それもそうでしょう。しかし、**あなたがあなた自身で幸せになれるとき、男性はあなたを幸せにしたいと向こうから近寄ってくるのです。**

男性が女性を美しいと思う二段階の動き

男性と女性がひかれ合うのは、お互いの違うものがあるからです。女性でも男っぽい人もいれば、男性でもなよなよした人もいます。しかし筋骨隆々とした女性が、一般的には男性から人気がないことはおわかりいただけるはずです。

もちろん、そういう女性も愛されますが、それはその筋骨隆々とした体も含めて、彼女の生き方に彼が女性として尊重する「何か」を見出したからなのです。

また、男性は女性が思うほどその好みがスリム一辺倒なわけではありません。太っていても痩せていても、その人から女性を感じられると、「女性らしいな」と思うのです。

これは体つきだけではありません。精神的なものでも、しぐさの中でも、女性にしかないものに美しさを感じます。

男性は一般的に、行動が直接的で一本の線のようです。しかし女性の行動は二つに分かれています。

例えばお箸を持つのでも、いったん上から箸を持ち上げ、左手で支えてから右手で持ち替えるようにしています。それはこのように一つの行動をいくつかに分けると、非常に美しいからです。歌舞伎で女性を演じる役者さんの首の動きを見てください。ゆっくりと、一回動くときにも何度にも動きを分けていて、女性美を表わしています。

そういった美しいしぐさは、二段階、あるいはそれ以上に分かれています。コップを置くのでも、ゆっくりと手首から下ろすと美しく見えます。

男性の直線的な動きに対して、女性は「無駄な動き」をしますが、それは無駄ではなく、優しさや余裕、優雅さになります。

言葉でもそれは同じです。ストレートな女性も気持がよいものですが、そういった女性でも恋をすると、彼のかけてくれた言葉に動きが止まることがあります。目をうるませながら、少し言葉に詰まる瞬間があります。彼が言った言葉から少し考えて話をすることもあります。そういうときの女性は美しいのです。一つの空間ができます。豊かで美しい時間がゆっくりと流れます。

いつも快活な女性もすてきなものですが、時には豊かな空間を彼にあげてください。快活で言葉もぽんぽん出ている女性でも、ゆっくり考えながら話すことがあってもいいのです。

ある女性はご主人に三日間それを続けたところ、ご主人が「最近、どうしたんだ、女らしいな」とまぶしそうな顔で言ったと言います。

ときどきは、彼の言葉を待ってあげてください。会話のキャッチボールが上手にできることは才能です。知的で、彼の言葉をすぐに受けて返してあげられることは素晴らしいことです。しかし、彼の言葉をゆっくり待ってあげる余裕と優しさも、その女性の包容力なのです。

会話から言い訳を除いてみると、彼と心が繋がる

会話の中から言い訳を除くと、対人関係がうまくいくようになります。

あなたが彼とのデートに遅れたとします。彼に謝るのに、全部事情を話さないと気が

すまないのであれば、それは言い訳病にかかっています。「ごめんなさい、家を出ようとしたら靴がなくて、それで電車に乗り遅れたの。電車の次の時間が…こんなことがあって、あんなことがあって」と、詳細に話さなければ気がすみません。それでたくさん言い訳が口から出てきてしまいます。

言い訳病があると、会話がつまらなくなります。相手にとって知りたいのは、あなたが謝っていること、もう二度としないつもりであることなのです。誠実に、悪かったと思っていることが伝わればそれでいいのです。たくさん理由を聞くよりも、これからの時間を楽しい時間にしたほうがよっぽどありがたいと思います。

このように言い訳をしたいのは、自分をかばいたいからです。相手にわかってほしいという気持も強くあります。全部話したほうが得しそう、なんとなくそう感じています。女性同士ならば通じるそのような会話も、「簡潔にして」と彼は思っているかもしれません。もちろん、それはその人の癖であるのかもしれません。そういった人々は、とても丁寧で几帳面なのです。でも常に相手に悪い、これもあれも理由を言わないと、と取り繕おうとして話をしていると、相手は疲れてきます。もし異性との会話の中で、「なんだか一生懸命に話したけど、冷たいし、わかってくれてないみたい」という感じがあれば、おそらく相手が求めているところではないところに力が入っているのです。相手が求めていることと違うことを一生懸命に話しているのかもしれません。あなたにさまざまな誤解を解いてほしいのではなくて、自然に接してほしいと考えているのかもしれません。

鬱陶しいと相手から言われてしまう女性の場合も、この言い訳が多いのです。相手のことを思っているようでありながら、自分の要求を押し付けているのです。

相手との関係をつなぎとめるために、実際はあなたが悪くないのに彼に謝ってばかりいても、二人の関係はうまくいきません。相手に謝ればこの場合はなんとか関係がうまくいくだろうと考えていますが、根本の原因は、彼がもうあなたを愛していないということであるかもしれません。

もし彼が大切にしてくれているのであれば、話し合う機会を持ってくれますが、彼があなたと距離を取りたがっている場合、あなたが彼に謝れば謝るほど、うまくいかなくなります。あなたが謝るとますますあなたが惨めに見えるし、彼は自分に罪悪感を感じてあなたが鬱陶しくなります。そして距離を取るようになります。特に女性が、「あなたがいないと生きていけない」と訴えているときは、相手に罪悪感を持ってもらって愛情をつなぎとめておきたいという考えもあるので、相手の男性はその女性といることがかなり苦しくなります。

あなたが本当に悪いと思えば、誠心誠意、心をこめて一度謝ってください。もう同じことはしないように努力してください。しかし「ごめんなさい」が、彼をつなぎとめるために言う言葉になったとき、あなたはもう彼に対して無理をしているのです。

このようになると、相手が距離を取るから不安になってますます謝る、ますます相手が距離を取るということが繰り返されてしまいます。ですから少し彼のことから離れて、自分の正しいと思うことをきちっとできるようになるほうが得策なのです。

自分の恐れを彼に押し付けるのをやめると、うまくいき始める

女性が男性と関わりたいと望むとき、女性はさまざまな悩みをわかってもらおうとし

ます。女性は相手に心を打ち明ければ打ち明けるだけ、彼が自分を愛してくれる気がするからです。女性は悩みを話し合う、ということで愛情を表します。親身になって聞くということが愛情の表現だからです。

男性ももちろん、好きな相手の悩みに相談に乗りたいと思います。しかしそれは、相手の力になりたいからで、悩み事を打ち明けられたから好きになったということではありません。もともと好意を持っている女性ならば、彼女が悩みを打ち明けてくれるとうれしくなります。自分が彼女に何かできるし、アプローチをできるかもと期待するからです。

しかし、相手があなたに好意を持っていないときに、悩みを打ち明けてもうまくいきません。彼はそのことであなたと親しくなったとは思いませんし、それどころか彼が好きなのは、自分で生きていこうとしている女性だからです。好きな人が一人でがんばっていると、「僕がいるから」と横から助けようとします。

「私にはこんな欠点があるんだけど」と女性が言うときも、彼にそのことを受け止めてほしいときです。彼があなたを愛しているのであれば、喜んで受け入れてくれます。しかし**恐れのすべてを彼に受け止めてほしいと望むようになると、関係がよくなくなりま**

す。

障害をもつ女性がいました。彼女は耳が聞こえないことを苦にしていました。彼はその障害を受け止めてくれたので、二人は結婚しました。しかし、彼に悩みを背負ってもらうばかりではなく、彼女も自分の障害を受け入れて生きていく覚悟をしていました。

他の夫婦の例では、奥さんが「私はどうせブスで、あなたは前の彼女のほうがよかったんでしょう」といつも言っていました。彼女にすればご主人に、「前の彼女のことは気にしなくていい」といつも言ってほしかった気持もあったはずです。しかしご主人は常に奥さんから責められていることで辛くなってきました。そして結局、彼女はご主人とうまくいかなくなりました。

障害を持った女性も、自分の障害が嫌で苦しんでいました。時にはご主人に申し訳ない、嫌われるのではないかと恐れることもあったのです。しかし彼と一緒にやっていこうと考えてから、その気持を自分でも受け止めていました。彼女も時として、「私は愛される資格がないのではないか」と考えると悲しくなると言っていました。それでもその気持を、「なんとかして」とすべて彼にぶつけるのではなく、自分で自信を持って生きていこうとしていました。ですから、ご主人とお互いに支え合うことができたのです。

しかし後者の女性は、「そんなことないよ」とご主人から言われることで安心しようとしていました。彼女自身が、「本当は愛されていないのではないか」という恐れに自分でも立ち向かわなかったために、彼にその恐れを全部受け止めてほしいと思ったのです。

すべての恐れを相手に慰めてほしいと考えることは無理なのです。自分が恐れていること、それを克服するのは自分です。その上で、二人で話し合いをしないと、関係がうまくいかなくなります。

自分の心を打ち明けずに一般的な会話で楽しくできるということは、女性にとってはかなり忍耐力を要します。しかしそのような女性に男性はひかれることも多いのです。

心配なことは自分で背負い、そして彼と共に歩むときに打ちあけて、一緒に背負ってもらいましょう。やがて時期がきて、彼があなたを愛するようになると、彼からあなたの重荷を背負ってくれるようになります。

自然があなたに与えた魅力

女性にはその人それぞれに違った魅力があります。美しさや人をひきつける話術というものも、その人の持つ魅力です。それからその人の生き方がしっかりしていること、これもその人の持つ魅力です。そういった人それぞれの違う魅力が発揮されて、さまざまな縁ができてくるのです。男性もそれぞれに、求めているものが違うからです。しかし、男性をひきつける魅力の中で見落とされがちなものに、「自立している魅力」というものがあります。**なぜか男性に関心を持たれる女性は、自分を大切にしていて、「あなたなしでは生きていけない」という生き方をしていません。**それは目につきにくい魅力です。

その他、**誠実さ、思いやりなどの徳も愛される資質です。一緒にいて楽しいことや一緒にいて楽なことなどもあるでしょう。甘え方が上手で、彼にすがるのではなく彼の自尊心を高める甘え方のできる女性も、男性からかわいがられます。**しかしそのどれもが生き生きと輝くのは、あなたらしさを出せるときなのです。

あなたらしさというのは、あなたの感情や悩みをすべてぶちまければ出てくるものではありません。**男性をひきつけよう、よい印象を与えようとしゃべりすぎることは、かえってよくないこともあります。そうではなく、あなたがあなたらしさを知って、自分を受け入れるということが必要です。**自分を受け入れていないと、どうしても相手にきつくなります。自分を守らなければならないので、相手のちょっとした言葉に敏感に反応してしまって、男性に好かれないということもあります。

ある女性はとてもきれいで印象もよいのに、なかなか男性に愛されませんでした。彼女は心を閉ざしていたのです。彼女は自分の感情を見せることを恐れていて、そのためにがちがちの理想像を持っていました。男性に出会いたいと言いながらも、自分が男性を好きになるとどうしてよいのかわからなくなるのではないかと恐れていたのです。そのために、「こういう男性ではだめ、こういう男性でないと」と条件をつけていました。条件の合う男性ならば、完璧に自分を愛してくれて、自分が好きになる努力をしなくても自然と好きにさせてくれるだろうと感じていました。そうして、「とんでもない男性なんか好きになるもんか」と考えることで、将来への恐れを抑えていたのです。

不思議なことに、男性に縁がないと言っている女性でも、ある気づきがあると男性に愛されるようになることがあります。それは自分の気持を知り、受け入れるということです。

自分の気持を知ること、恐れていることや許せていないことをきちんと知っていること、欠点を知ること、受け入れること、人と比べたり悲観をしないこと、「これがないと自分はだめだ」と言い訳をせずに自分を見つめられること、さまざまな物や人を求めている動機をよく知ること、それであなたに合った人が現われるのです。

前述の女性は、相手を好きになる自分を少しずつ受け入れようと考えました。さまざまな男性に接して、相手のよい点を見つめることも始めてみました。彼女は、「他の人のよいところを見つめても、全然怖いことはないんだな、よいところを見たからといってだまされるようなことはないんだな」と気がつきました。すると、高学歴、高身長、そのほかさまざまな条件がすべてなくなりました。他の人へも優しい気持で接することができるようになったのです。しかし面白いことに、人を愛する自信がついた彼女を愛してくれたのは、条件にぴったりの男性でした。

個性はそのまま魅力になります。男性があなたを愛するときは、ちょっとおっちょこちょいなところも、少し不器用なところも、自分が嫌いなところも含めて愛してくれます。しかしそれは、あなたがあなたを受け入れているからです。受け入れることは、自分の欠点に居直るということではありません。見つめたくない欠点を人のせいにして、「あの人が悪いんだから」と逃げないことです。「わたしはこんな弱さがあるんだな、がっかりだけど、ちゃんと認めよう」と認めるということです。本当に見つめたくない欠点を認めるのには勇気がいります。**その人の一番の魅力が引き出せるのは、自分の一番の傾向と欠点を知ったときなのです。**

あなたはあなたの見つめたくない欠点を見つめていますか。

そしてその欠点を含めて、自分を愛し、また他の人々の欠点を受け入れていますか。

理解している同士が引き合う不思議

人というのは不思議なもので、理解していることが多ければ多いほど、同じようなタイプの人を引きつけます。それは、自分が理解していることは、同じようなレベルの人には魅力だと感じられるからです。なんて頭のいい人だろう、彼はそう思うかもしれませんし、なんとすてきな生き方をしている女性だろう、そう表現するかもしれません。ともかく、あなたが理解したことが、今のあなたの魅力の一つになっているのです。**周りにいる人の層が変わったら、あなた自身が変わってきたということです。**

この理解していることというのは、「あ、わかった！」というような気持の変化です。この気持の変化は、人を深いレベルで許すとき、また試練があったときにそこから学びがあったとき、喜びを得られたときに一つずつ増えていくものです。

許しも、試練を乗り越えることも、喜びも、実は自分自身の気づきになります。ですから、外側にいつも原因を見出して、「あの人が悪い、こういう状況が悪い」と言っている人には得られない悟りなのです。自分のすべてのことは、自分の責任であって、責任をとって生きていこうと考えると見えてくる、たくさんの事柄です。

その理解が深まるとき、世界が変わるような気持になります。ですからそういった気持の変化がうれしくて人に伝えようとすることもありますが、なかなか人には伝わらないかもしれません。それに、せっかく悟ってよい具合になったのに、またもとの自分に戻ってがっかり、ということもあるかもしれません。しかし一つ何かがわかるたびに、人は必ず上にいっています。**また同じことで悩んで落ち込むことがあったときにも、喜びを得られるように丁寧に生きていくと、出会い運は必ず変わります。**

さあ、今日はどんな試練がありましたか。そして誰を許しましたか。あなたはその人々の幸福を心から祈れるようになりましたか。そして、何よりも、喜びを感じようとしていますか。今日も魅力の一つを手に入れられましたね。

第 2 章

彼の心をとらえるために

彼の心をとらえようとする不自然さがなくなると、
彼はあなたを女性として意識するようになります

あなた自身の価値を見出すと、彼から愛される不思議

恋愛でうまくいかない場合は、自分の心の中を探ってみてください。自分がどういう魅力をもっているか、女性としてどう生きたいかといったセルフイメージができあがっていない場合があるからです。**自分が愛される価値があることを信じられないと、相手もそれを敏感に感じ取って、なかなかその女性を尊重できないし、愛せない、ということがあるのです。**

このセルフイメージは、その人のもともと持っている感受性や、どう育てられ、どう愛されたか、それから今までに一番傷ついたことが心の奥底に刻まれて、できあがっています。母親から支配的に育てられた女性で、男性ときちんとおつき合いができない女性がいましたが、彼女のセルフイメージは、「誰かに支配されていないと自分がどうにもならない」という像でした。そのために、男性とせっかく知り合っても、相手に支配されてしまうのです。「誰かに管理をされていないと駄目な私」という像があるために、

そのように支配的な人を無意識に選んでいます。しかし一方で、自分が「この人は、どうせ私を支配するはずだ」と感じているので、彼がちょっと命令口調になっただけで、「また私を縛ろうとしている」と、恐ろしく感じることもあります。彼はなんでもないことを言っただけなのに、彼女が非常に感情的になるので、けんかも多くなってしまうのです。そのような彼女の思い込みが強いと、相手も知らず知らずのうちに、彼女にもっと干渉しだすようになるのです。

このように、「自分が評価されている、愛されている」というイメージがないと、さまざまなところで問題が起きてくるのです。

他の例では、夫婦関係がうまくいかない、と悩んでいる女性がいました。話を聞いてみると、彼女はご主人の言葉に大変に傷つく、と言います。彼女の母親も、いつも彼女を責め立てて言うことを聞かせようとするタイプでした。そのためにお母さんから評価されていないという思いが強くあります。ですから、ご主人が小さなことでちょっと注意をするたびに、「どうして私を評価してくれないのだろう、どうしてわかってくれないのだろう」と非常に怒りが湧いてくるのでした。

彼女は、「私のことをわかってくれないのは辛い。それなのに私はわかってもらえないんだ」と考えていたのです。そのために、そのご主人は普通の対応をしていたのに、うまくいかなくなったのです。それに、彼女も心に壁を作っていたので、ご主人もどう対応していいのかわからず、愛を示せずにいたのです。

そのような女性たちが、「私は評価されているし、愛されているんだな。安心してみよう」と考えると、ようやく相手の男性と親しく交われるようになることもあるのです。

本人が自分に対して持っている気持を、そのまま相手も持ちます。あなたが自分はくだらない人間だと考えていると、相手もあなたについてそのように感じるようになります。ですから、運命の出会いをしようと思ったら、自分のセルフイメージを高めることが一番早道です。

自分自身のことを、「私は愛されている、評価されている。価値がある私だから」と心の底から信じられるようになれば、あなたを愛さざるを得なくなる男性が現われるのです。

恋の呼び水

呼び水、というものがあります。井戸の水を湧き出させるためには、最初にバケツ一杯の水を井戸に入れてから水をくみ出します。その水があって初めて、水がどんどん湧いてくるのです。その最初の水が呼び水です。

恋にも呼び水があります。

まだよく知り合う前であれば、相手を嫌っていない雰囲気が、この呼び水です。あまりよく知り合っていない人同士の場合、「自分のこと嫌いなんだ」と男性が感じると、それ以上あなたに近づこうとはしません。彼がメールをくれる、またくれる、そしてあなたがメールに返事を出す。直接「メールをください」と頼むのではなく、彼がまたメールをしてみようと意欲的になるように励ます、という形がうまくいきます。彼がメールをしたくなるように思いやりを示すということです。ごく普通の、簡潔なメールの中に、あなたの人格がにじみ出て、なおかつ、「あ、僕、メールしてもよかったんだ、もう少しこの女性と話してみたいな」と男性が意欲的になるような簡潔なメールを書いてみてください。

しかし、あなたが呼び水を何もしていないのに、彼のほうがそれでも食い下がってくることもあります。この場合は、本心からあなたにほれ込んでいるのです。しかし、「食い下がられて困っている」けれども、彼が熱心なので、「ちょっと入ってきてもいいよ」という、お互いのやり取りが生まれます。

そこに男性は励まされて、また声をかけようという気になるのです。

普通、完全に相手のことを拒絶してしまうと、相手はあなたに関わろうとしなくなります。それでも引かないのであれば、それはストーカーです。ごく普通の人間同士にある、「ここまでは入っていいけれども、これ以上は入ってはだめみたいだな」という距離感がわからなくなっています。そういう場合は、一切呼び水らしいものは何もしてはいけません。

恋の呼び水のコツは、自分から洪水にしない、ということです。あくまでも他の水を呼び込むための水なのです。また、呼び水は不自然にしてはいけません。**彼を喜ばせようと、「うれしい」「感激！」と無理に彼に愛情を示した場合は、安っぽく見られてしま**

います。女性が一番犯しやすい恋愛の過ちです。そのように、彼に接するときにいつもトーンが上がっていると、彼のほうがあまりあなたを大切にしなくなることがあります。**「あなたが好きだからどんどんきて！」と呼び水を与えすぎると、後々でよい恋愛関係に育ちません。**よく恋愛のドラマの中で片思いのままで終わる役の女性がいますが、そういった女性はこの呼び水を間違って与えすぎているのです。**彼のほうがあなたを簡単に手に入れると、飽きるのも早い、あるいはなんで好きだったのかわからなくなることさえ、あります。**

男性にはこちらからどんどん声をかけるよりも、相手に好意を持ってもらって、それに呼び水をさすというのが、一番うまくいきます。彼があなたに好意があって、それにあなたが応える、それが何回か続くことで愛情が育ちます。彼に好意がないようならば、しばらく様子を見たほうが、恋愛はうまくいきます。

被害者になることをやめてみよう

男女の間がうまくいっているとき、ちょっとした罪悪感を彼に持たせることは、二人の間の活性化に役立ちます。「会えなくて、寂しかった」とあなたが言えば、仕事に熱中するあまり、連絡を取れなくて悪かったかな、と考えていた男性は、胸がきゅん、とします。そして「この子は、俺がいないと駄目なんだな、これからは気をつけないと」と感じます。「悪かったな、本当に。大切にしてあげよう」と心の底から思います。

しかし、この恋のスパイスは、使い方を間違えると大変に危険です。いつもこの方法を使う女性は、いずれ相手が思うように動かなくなってきて、「愛されていないのかな」と悩むことになります。関係がうまくいかなくなったときには、「悪いことをしたな」という思いを相手に過度に抱かせてはいけないのです。

男性が女性に前ほど連絡を入れなくなり、女性から連絡を入れるようになった場合の話をします。男性が女性を大切にできなくなって負担になってくると、男性は、女性に

「悪いことしてるな」と感じています。でも、大切にすることができずにいます。自分でもどうにかしたいと思うのですが、彼女を大切にする気持ちが湧きません。すると、彼女から離れたり、浮気をしたり、暴力を振るう場合もあります。

なぜ相手が罪悪感を持つと、そのように離れるのか、不思議に思われるかもしれません。

しかし、自分のことを考えてみてください。「ぜんぜん、なってない！」と上司に怒られても、仕事で自信のある分野だったら、「なんだ、こいつ！」と思うだけです。多少面白くなくても、やけ食いの一つでもしたら、気持が晴れます。あるいは、素直に反省して、その仕事をもっとよくしていきたいと考えられるときもあるでしょう。しかし上司から怒られたことが、自分でも不安に思っている部分で、「もしかしたらいい仕事をしていないかも」と考えているとします。相手がひどく怒ったので、なんだか人間扱いをされなかった気持がするときでもそうです。

そのように上司が痛いところをついた場合は、上司に攻撃的になり、言い訳をしたり、心の中で、「そんなこと言っても、あんただって」と、責め立てたりしてしまいます。するとに心にわだかまりをもって、苦しい気分になります。そのような文句を言った上司を、避けたい気持になります。

それは自分の心の中に、「本当は間違ったことしたかな。本当は能力が足りないのかな」と不安になっていることがあるからです。そして、自分が充分ではないとどこかで思っているからです。自分でも感じているのに、相手に言われると、その相手を避けたくなってしまうのです。自尊心がずたずたになっているところをつかれると、それを指摘する相手を嫌うようになるのです。

では、**男性から距離を取られたときに、どうしたら罪悪感を持たせずに話ができるのでしょうか？　それは、あなたが冷静になる以外にないのです。**

男性が自分の心の中を上手に整理ができるならば、急に男性の心が開けて、問題が解決することもあるでしょう。

しかし普通は、相手があなたの気持に応えられない、幸せにできないと考え始めたときに、「どうして幸せにしてくれないの」と言っても、うまくいきません。**相手が距離を取っているときに、泣いたり感情的になると、男性は罪悪感をどんどん持つようになって、あなたと一緒にいることが息苦しくなります。そういうときに女性があっけらかーんと、被害者をやめてみると、関係はよくなります。**

彼との関係がうまくいっていないときでも、「私は本当に大事な私」と信じるようにしてください。彼とのことがどうなっていても、自分自身で支えられるようにするのです。そのような女性からは、男性は罪悪感を持たされずにすむからです。

つき合い初めに彼の心を動かした涙が、彼の心を動かさなくなった時期に、「私はこんなにあなたのせいで苦しんでいるのよ。私のことをもっと愛して」というメッセージを出しても、もはや彼の気持は動きません。つき合いが新しいステージに入り、愛情を基本としたつき合いができるかどうか試されている時期なのです。

彼が浮気をしたときでも、相手を許すことは大切です。彼が謝り、あなたがもし彼と別れないで、もう一度彼にチャンスを与えてやり直すつもりであれば、一粒の涙、それで止めておいてください。浮気癖が相当ひどい彼であれば別ですが、もう浮気はしません。何度も責め立てて逆切れ、というのは、罪悪感を持たされ続けて、「じゃあ、いいよ。俺はどうせ、駄目なやつさ」と男性が考えるようになってしまうのです。

恋愛のスパイス、相手との関わり方を、正しい時期に正しく使えるようになると、男性の心はその女性から離れなくなります。

相手に親切にしすぎてしまう本当の動機

相手に親切にしすぎてしまう女性の場合、恋愛が最初はうまくいくようでも、後からうまくいかなくなることがあります。他の男性や友だちには大切にされるのに、本命の彼から大切にされないのは、好きな人に対して、親切にしすぎているのです。そういった女性は、最初から恋愛の対象とは見られない場合もあれば、**最初はうまくいって、「あなたほど素晴らしい女性はいない」と言われても、彼とちょっと離れている間に忘れられてしまう場合もあります。**

彼女たちの問題は、心の奥底で「自分は本当はこの恋愛に値しないんじゃないか」と恐れていることです。それから、「こんなすてきな彼は、逃してはならないわ。親切にしないと」という気持があることです。親切はもちろん相手との関係をよくします。でももし、相手に気に入られたいために親切にするならば、それは彼にとっては魅力ではありません。彼にとって魅力なのはあなたの身についた特質である親切な気持、優しさや豊かさです。

テレビの恋愛ドラマを見ていると、わかりやすいと思います。好きな男性に、あれこれとなんでもやってしまう女性が男性から振り向いてもらえることは、あまりありません。

「親切にしないと。これもしないと、あれもしないと、彼に気に入られない」「次はこういうふうに親切にしよう」ということばかり考えているのであれば、恋愛ではあまりよいことはありません。

実際に、そのような行いに走ると、鬱陶しがられる場合もあります。男性はわがままで、あなたに親切にしてほしい、振り向いてほしいと思う気持もありますが、あなたが自分のことを忘れて彼にかかりっきりになると、その人の魅力が感じられなくなってくるからです。

彼があなたをぞんざいに扱うのであれば、ここは考えどきです。親切にして、優しくして、彼に好きになってもらおう、と彼に暗に訴えても駄目です。ぞんざいになったならば、それはあなたが、彼に親切にしないからではありません。**彼へのメールの数を彼からのメールの数と同等にするか、減らしてみてください。彼の気持を引こうと、頻繁**

に電話をしないでください。この方法だけでも、彼が優しくなることがあります。相手を親切で息苦しくさせては駄目です。自分自身のしたいことを始め、毅然とした態度で彼の無礼には抵抗することで、彼が慌てて優しくなったという例も多いのです。

あなたの発している二重のメッセージ

恋愛でうまくいかない原因の一つに、あなたが二重のメッセージを発しているという場合があります。

心の奥底では「私を大事にしてよ！」と求めていながら、「私はこんなにあなたのことを愛しているんだから」と相手に親切をし尽くしてがんばってしまうことがあります。「私はあなたにわかってほしいの」というメッセージを伝えたいのに、「なんでこれをしてくれないの！　あれをしてくれないの」と叫んで相手とけんかばかりしている人もいます。こういった女性の場合は、「私はとても苦労しているの。あなたにも分かち合ってほしいの。だからわかってね」と言いたいのに、その気持に気がつかず、なんだかいらいらして相手にケンカを吹っかけてしまうのです。

わがままになったり、相手に電話をがんがん入れたり、という極端なことを繰り返して、相手とうまくいかなくなる女性たちがいます。彼女たちも「愛してほしい」と伝えたいのですが、愛を確認する方法がわからず、愛されているかどうかが不安になって急にわがままをして気持を思いっきりぶつけてみたくなるのです。それで相手が思うとおりに動いてくれないと、不安になって電話をかけて家にまで訪れ、相手を震え上がらせてしまう場合もあるのです。

わがままを繰り返していないと不安なのであれば、自分が本当に望んでいることはわがままをすることではなくて、愛されたいのだということを自覚する必要があります。そして**「愛されたい」気持を、全部相手に満たしてもらおうとしては駄目だと気がつく必要があります。自分で自分の愛情タンクを満たせる女性の恋愛は安定しています。そのような女性は大人の女性で、恋愛も非常にうまくいかせることができます。**

二重のメッセージは相手との関係を悪化させます。特に悪化させるのは、双方に二重のメッセージがあって、ぶつかり合ってしまう場合です。普通、片方がそのように自分がしてほしいことがわからなくなった場合でも、もう片方が優しく暖かく包んであげられるときは問題がないのです。笑いながら、「そうか、そうだよね、よしよし」と言ってくれる気持があれば問題がないのです。しかし人間にはどうしても気持にムラがあるので、相手を支えきれない場合もあります。そのときに相手にしてほしいことをわからずに双方で感情をぶつける会話をしていると、よくない結果となってしまいます。

自分の二重のメッセージがわかってきたら、「私の気持はこうで、あなたにしてほしいことはこう。そしてそうしてもらえると、このように助かる」と具体的に挙げられると、相手もちゃんと助けてくれます。そして双方の関係もうまくまわりはじめます。

しかしこのときも、相手が助けてくれなくても、怒ってはいけません。そうでないと、相手に「どうしてもこれをして」と言っていることになってしまうからです。彼が「今日はできないよ」と言うときは、自分で問題を解決するようにしなくてはなりません。

相手がわけのわからないことを言ってきたときも、相手の二重のメッセージをよく聞き取ることが大切です。大概は落ち着いて相手のメッセージをよく聞くようにすれば収まるのですが、そのときに「そんなことを言うなんて、私を愛していないのね」とけんな腰になると、相手も「ああ、そうだよ」と言わざるを得なくなります。そして言ってしまった言葉は、取り返せなくなります。**マイナスのことを言わせた数だけ、二人の関係は悪化してしまいます。**

ですから、二重のメッセージに惑わされて、「彼は私を愛していないのだろうか」と焦ってしまってはいけません。相手は、「こうしてほしい、自分は不充分だと感じている」といった本心を、他の形であなたに言おうとしているのです。

いらいらして、とても不安になったときには、なんとか相手を説き伏せようとします。自分のことは正しくて、相手の言っていることはどこか間違っている気がしてくるのです。しかし相手を説き伏せようとしても、相手にはあなたの考えていることはうまく伝わりません。

彼に何を言っても伝わらないし、彼の言っていることがよくわからないときには、双方が本当に伝えたいメッセージは何であるかを考えたほうがスムーズにいくのです。

あいまいでなくなると、理想の人に出会える

理想の男性に出会いたいのだけれどもなかなか出会えない、という女性の中には、結婚する目標があいまいになっている女性がいます。理想の男性に出会うということ自体があまり具体的に感じられていないのです。どのような結婚がしたいかがわかっていないと、よい結果は生まれません。

ある女性が、いつも理想の男性から目を止めてもらえないと悩んでいました。彼女は他の人から嫌われるのを非常に恐れていました。その上、気がつかないうちに自分の理想とは違う男性にも好かれたいと強く願っていたのです。

彼女の場合は、誰でもいいから好かれたい、好かれていれば女性として評価されているようで安心できるという気持が強くありました。しかしその気持が大きすぎて、ふさわしい人と愛をはぐくむという目標がどこかへ飛んでいってしまっていたのです。そのために、誰に声をかけられても断れない女性のように周りの人々からは見られていたの

です。ですから、まじめな交際を望むタイプの男性から声がかからずにいたのです。

彼女は、「あんな人から声をかけられるのは嫌だ」と考えながらも、誰からも声をかけられないことを怖がっていることに向き合ってみました。そして、どのように幸せになりたいのかをもう一度見直してみたのです。すると、「私はたった一人の理想の男性に好かれればいい」と心から思えるようになりました。彼女の心の中に、「理想の人に出会えたらいいなあ」という気持と「でも他の人にも好かれていたいな」という気持とどっちつかずのところがありました。理想の男性が現われるまでこの男性でいいや、と考えていると、理想の男性はそういう姿を見ていますから、近づいてきてくれないのです。

どのような理想の男性に出会い、どのような結婚をしたいのか、そのために自分がどういった女性であればいいのかを知っている人は、それにそぐわない生活や選択を自然としなくなります。ですから、結果として、幸せな結婚にいき着くのです。

男性が愛するとき、女性が愛するとき

星の王子様はバラの花を愛していました。しかし、世界でたった一本だと思ったそのバラの花が、実はどこにでもある平凡な花だとわかって、星の王子様はがっかりしました。けれども星の王子様は、結局は自分のバラの花に戻っていったのです。彼は「僕が手入れをした花だから」そのバラを愛するのだと告白をします。

彼はどのようにしてそのバラの花を愛するようになったのでしょう。星の王子様は暑いときには日よけをバラにかけました。そして虫がつけば虫を取りました。そのように彼がそのバラを自分で大切にしたのです。バラの花のことを心配し、気を遣い、世話を焼きました。そのように手をかけたバラだから、その花を愛したのです。彼が汗水たらして、そのバラのために働いたことすべてが、彼の愛情を育てたのです。

これは男性の心理をよく表わしています。女性は彼に優しくしてほしいときに、自分が彼に優しくすれば相手も優しくなるだろう、とがんばります。それは正しいことです。

しかし男性だって、本来は愛する女性の役に立ちたいのです。それなのに女性がなんでもしてくれると、自分から何もしなくていいのだと感じます。そのような関係になると、なんだか彼女といることも楽しくなってきます。男性は本来、彼女のために何かをし、喜ばれることでその女性を大切にする喜びを得てきました。男性にとって自ら女性の世話を焼くということが喜びであり、愛情を育てる上で大切なことでもあるのです。

夫婦の場合でも、ご主人が奥さんといて喜びを見出せないのは、彼女がすべてをしてしまっているからというときもあるのです。彼女のために何かをすると愛情がよみがえってきます。妻のために小さなことをして彼女の役に立っていることがわかってから、浮気をやめた男性もいるくらいなのです。奥さんがガンになって、病院の送り迎えをしているうちに、「僕は妻をこんなに愛していたのだ」と気がつく旦那さんもいました。

女性は男性が愛情を深く注いでくれればくれるほど、かわいらしさが前面に出ます。安心して、その人らしいのびのびとしたくったくのなさが出てきます。男性が見守ってくれていると、女性は、安心して悪さをできる女の子のようなちゃめっけが出てきます。男性が女性を大切にすると、女性はのびのびと幸せになります。幸せな女性を見ていると、男性はますますその女性を愛するのです。

男性でも見守られることはうれしいものです。しかしあまりに見守られすぎると、まるで子供扱いされているようで、自分自身を弱々しく感じます。彼に何かをしてもらうことは、彼の男性らしさとその女性を守りたいという精神を呼び覚まします。彼にしかできないことを頼んで、それを彼女が感謝すると、男性の目がそのときに輝きます。歌を口ずさむ男性さえ出てきます。

男性に何かをしてもらって誉めるといっても、なんでも誉めればいいというものでもありません。その男性はなんだか馬鹿にされている気がするからです。彼にしかできないもの、彼だからこそできることをしてもらうことで、その男性の男性らしさがよみがえり、その女性を守りたいと感じるようになるのです。

デートのときでも、女性がなんでも仕切ってしまうと、彼はそれに頼りっきりになってしまいます。男性にリードを任せるというのは、男尊女卑から来た考え方ではなく、お姫様を守りたいという男性の欲求を満たして、彼女を愛するようになるためという一面もあるようです。私がアメリカ人の男性とデートしたとき、車のドアを私が開けると、彼は怒りました。「なんで、僕が楽しみにしていることを取り上げるの！」彼は王子様でいたかったのです。

あなたが彼のためと考えてしていることでも、彼があなたに尽くしたいという喜びを取り上げていることはありませんか。チケットを手配して、レストランも予約して、すべての面でデートの先取りをしていると、二人はどちらがよい人かを無意識に競い合ってしまうこともあります。あなたは彼に、「私はこんなにがんばってるの、見て！」と言っているのかもしれません。すると、彼は面白くなく思います。そして彼はひょっとしてあなたの王子様になりそこねて、退屈しているのかもしれません。愛情は与えるものであると同時に、受け取る能力でもあるからです。

周りの男性の中で、「なぜあんなにいい人を振ってしまって、あんな女性を追いかけているのかしら」と考えるようなおつき合いをしている男性がいれば、人がよくて優しい彼女は、ひょっとして、彼を王子様にしそこねたのかもしれません。

男と女の心の絵

「印象に残っている恋愛って、どんな恋愛？」と、男性に聞いてみてください。一人の女性を深く愛して、別れなければならなくなった経験がある彼ならば、その恋愛が心に残っているのは確かです。でも何人もの女性とつき合っていて、同じように一人一人を大切にしたならば、心に残っている順番は、深く関わらなかった順番なのです。

あっさりした初恋が、男性の心に残ることもあるのです。

それでは、女性のほうはどうでしょう。過去の恋愛はもう心にないかもしれません。今の恋愛が一番大切だからです。

女性の中には、彼が過去の恋愛の思い出を取っておくので、不愉快だ、という女性もいます。なぜ男性は、過去の小さな思い出も残しておくのでしょう。

男性は、大切だった人が印象に深く残るわけではありません。何も関わらなかったから夢のように心に残しているということもあるのです。それは蜃気楼のようだからこそ、美しいのです。

男性の心の中にある絵は、ぼんやりとしたものほど、ずっと残っています。しかし今、大切な女性がいたら、その人が一番大切な人であるのはわかっています。ただ、男性は、浅い思い出であればあるほど、大切にしていることもあるのです。

しかし男性の絵は、四六時中、心の中にあるわけではないので、初恋のようなぼんやりとした思い出については、やきもちを焼かなくて大丈夫です。女性のように、心に残っているならば徹底して残して、四六時中、心のリビングに飾ってある、なんてことはありません。彼の絵は、きっと彼の心にある倉庫の中にしまわれていて、ちょっと機会があったら、思い出すかもしれない、というかわいらしいものなのです。ですから、彼が過去のものを捨てていないからといって、**過去の思い出にやきもちを焼かなくて大丈夫です。彼は彼女を大切に思っているのではなくて、思い出を大切にしているからです。**

ただし、彼が前の彼女との傷が癒えないときにあなたと出会っていて、前の彼女の悪口を言い続けている、とか、なんだか自分を大切にしてくれていない、と感じるというのであれば、それは別問題です。彼は、あなたと愛情を育てたいという気持になる前に、あなたから彼に飛び込んでしまったために、時間をかけて愛情を築けなかったのです。

すると、傷を癒すためにいてくれた便利な女性になってしまうこともあるからです。

男性を手に入れることと愛情を手に入れることは違います

男性を手に入れることと、男性の愛情を手に入れることは違うということをご存じでしょうか。

女性が男性と関係を持つようになると、相手は自分にとって、特別な人だと考えるようになります。愛情も、関係を持った相手に湧きやすいのです。ですから女性は、男性も同じように、男性が自分と関係を持ったら、愛してくれると考えてしまいます。しかし男性は手に入れても愛情は手に入らない場合もあるのです。

今までつき合ってきたけれど、なんだか充分に彼から愛されてはいなかったと感じているのであれば、それは、恋愛の方法が間違っています。男性は手に入れたけれど、愛情は手に入れられない方法で恋愛をしていたのです。

恋愛の方法を教えてくれるような本を読んで、そのとおりに男性をゲットしたけれども、彼があなたの元を離れたのであれば、それは、「男性は手に入れるけれども、愛情は手に入れない方法」だったのです。ですから根本から、方法が間違っていたということです。

例えば、「自分から誘い、彼の目を見つめてホテルに誘う」。この方法は、男性がもともと、何年にも渡ってあなたのことを好きだったのでなければ、その男性を手に入れても、愛されることがありません。

男性は面白い習癖があり、「自分の損になることは本音で言わない」ということを、無意識でします。女性は気をつけなければならないことです。本人も本気と思っているときもあるからです。ですから、**「キスもしたし、その先にも進んでいる。彼から大切だと言われたし、だから彼から愛されている」と思いながら、彼の行動におかしいな、と思う面があるのであれば、彼の本音は、あなたを「大切」にしていないのかもしれません。あなたを愛していないのかもしれないのです。**彼が友人にあなたを紹介してくれない、土曜日のデートに時間を割いてくれない、もっと深く関わろうとしたころから、あまりよい顔をしなくなった。ときどき「俺となんかくっついていたって、ろくなことがないぜ」とか、「ひもになりたいな」といった傷つくようなことを言うときは、彼は深くあなたと関わろうとしていません。いくら彼が、「あなたのことを大切にしているよ」と言ったとしても、本心は別のところにあるのです。

ある女性に「いいじゃん、そんなの。同棲しちゃえば、きっとうまくいくって」と言った男性が、愛する女性には「うん、そうだよね。結婚までまじめにつき合おう」と言っていた例もあります。要するに、本気で女性を愛すると、傷つくような冗談を言わないし、将来についても慎重に考えます。しかし、**あまり愛していない女性には、深く関わろうとはしないけれども、どんどん仲良くなりたがることもあります。**

男性から本音の意見を引き出すときは、「一般男性としての意見」ではなく、「妹に対してはどう感じるか」という意見を求めると本音が出やすいのです。すぐに肉体関係を持っても俺の愛情は冷めないよ、絶対に飽きないよ、と言う男性が、「自分の妹なら、すぐに相手を信じて関係を持つようなことはさせない」というのであれば、彼の本音は、「俺の気持も冷めるかも。だけど先々のことは考えてもしょうがないし。俺は自由に生きるぜ」ということなのです。

男性はウソを言っているというよりも、自然といろいろな意見を持っているのです。彼が女性を愛するとき、その女性に対してはかわいい妹に対するように大切にします。本音の部分で彼女を支えようとします。

本気で彼女を愛すると、人間として、愛する女性のために立派に生きたいという気持が湧いてきます。人を愛して、初めて自分がどう女性に関わって生きたいのかがわかった、そんな男性も多いのです。

彼女がいるから立派に生きたい、と考える彼の気持は本音です。真剣に生きようとする面が感じられない、ときどき投げやりのような発言をするのであれば要注意です。あなたは彼を手に入れているけれども、愛情は手に入れていないかもしれないからです。ただし、彼の本音が聞けても、その本音を守れるくらい彼が人間としてできあがっているかどうかを見ることも、幸せな関係を築くためには大切なことです。

きれいになるあなた

女性が目指すきれいは、
男性が望んでいるきれいと
違うことを知っていますか

卑屈にならない魅力

女性自身で気がつきにくい魅力の一つに、卑屈にならない魅力というものがあります。これは、どのような男性に対しても同じ態度でいるということです。**背筋を伸ばして、にこやかに、男性を物色せずに前を見て歩いてください。男性は前を見ている女性に心をひかれるものです。**

男性を見たときに、「この中で誰が一番好条件か」といったことや、「誰が一番すてきか」を見ている女性は、そうしないとよい男性を見逃してしまうと考えているようです。このように男性を物色することは、もてる男性ほど、逆効果に働きます。そのように自分を物色する女性を散々見てきたからです。

私の知り合いのアメリカ人に、モデルもしているハンサムな男性がいるのですが、彼は日本の女性がパーティーなどで目をきらきらさせて寄って来るのがおかしいと言います。もちろん、容姿を誉められたり、女性に気に入られることはうれしいことだし、そういった女性に丁寧に応じます。しかし本気で好きになる子はあの中にいない、と彼は感じているのです。

あなたが毅然としていれば、結果的に見逃してしまう男性がいてもいいのです。卑屈になって男性を追いかけ回しても、結局はうまくいきません。

ある女性は、いつも男性に自分から声をかけていました。明るいし、かなりきれいな人なのに、相手ができてもロマンティックにつき合えないということが悩みでした。自分から声をかけずに前を見て歩くようにと彼女に言うと、最初、彼女は抵抗しました。今まで自分から明るく声をかけていたのに、声をかけなくなったらどこでも一人だというのです。

しかし彼女がパーティーでも一人で幸せにして優雅に過ごすことを始めてみると、男性たちから大切にされるようになりました。その中には彼女の好みの男性もいて、おつき合いをすることができたし、今も彼から大切にされているのです。

明るく自分から声をかけるというのも、社会では大切なことですが、男性を物色せずにその時間を楽しく過ごす、ということができる女性は魅力的です。**いつも男性を探していて、相手の機嫌を取ることに集中していると、女性はだんだん卑屈になってしまう**

からです。

何回かに一度は、優雅に現われて優雅に食事をし、音楽を楽しむだけで帰ってみてください。それはあなたが魅力を増すために取った贅沢な時間だからです。

ファッションのセンス

神様はこの地上に二つの性をおつくりになりました。それは違う性のものが二人で力を出し合ってより幸せに生きられるようにという目的でした。同時に神様は私たちが異性にひかれる心をお与えになりました。自分にないものにあこがれて自分に取り入れ、お互いに完璧になれるようにです。

もちろん似ている同士がひかれることもありますが、それはお互いが理解がしやすいということであって、やはり違う面を出し合うことでこそ助け合うことができるのです。

異性は、お互いの違いにひかれるのです。アメリカで、どこまで太ると女性として見られないかを調査する実験があったそうです。結果は、かなり太っていても男性に関心を持たれる女性たちがいました。太っていても男性に好かれた女性たちは、バストとヒップ、ウエストのサイズの差が一五センチはあったということです。太っていてもウエストがくびれた、女性らしい体型をしていたのです。

服に対しても、女性と男性では明らかに意識の違いがあります。その業界の仕事をしている男性ならば、女性の服そのものに関心があります。そのような男性は流行を見ていますが、大体の男性は流行なんて知ったことではないのです。かといって、あまり古めかしいものは論外です。時代がかっていると、よい印象をもってはもらえません。しかしその年一年しか着られないものをいつも買いつづける必要もありません。

男性は女性との違いに心をひかれるので、髪が長いこと、あるいは髪が美しいことは男性の目を引きます。ショートでも女性らしさを残した髪形が好かれます。

色は明るい色が好かれます。堅い素材よりも柔らかい素材が好まれます。女性はメディアの好みがだんだんと自分の好みになる傾向があります。テレビで見ているものが自然と自分の感覚になじんでくるのです。ですからどんな男性が好みかも、周りの人がいいというものに変わってくる場合もあります。しかし**男性はかなりきっちりと自分の好みのファッション、あるいは好きな女性のタイプがあります。これは生涯あまり変わらないもので、それは今、はやっているもの、というよりも、彼自身の持って生まれた好みです。**好みは人それぞれですが、彼の好みに合ったものを着ているときはとても喜んでくれるのでわかると思います。

黒はとてもおしゃれな色ですが、男性は女性が黒ばかり着ることを好みません。暗い色を着るときは、形ができるだけ女性的なものを選んでください。サイズは一つ大きめのものもきれいにみえますから挑戦してみてください。体型を気にする人ほど、サイズを気にしますが、ぴったりしたものは本当に似合うかどうかをよく考えてください。自分のプライドよりも、よく似合うほうに重点をおくことは大切です。

女優のファッションを真似るのであれば、顔や体の骨格が似ている人を参考にするとあなたにも似合います。骨格が似ている女性であればあなたが悩んでいることは彼女も悩んでいたはずです。そして今のファッションやお化粧方法を身につけたはずです。身近なおしゃれの上手な人も参考にしてください。

さて、**一番大切なことは、心をおしゃれにするということです。いつも他の人の悪口**

を言うのであれば、ぼろを心にまとっています。その人を「ださい」と思って嫌っているならなおさらのことです。そういうふうに人を見ていると、あなた自身も完璧におしゃれをしていないときの自分自身が嫌いになっていきます。他の人に対して持つ気持は、あなた自身に対しても持つからです。

年配の人を嫌っていると、自分が年をとったときに、自分に対して嫌だなという気持を持つようになります。無理して嫌いな人に近づくことはありませんが、さまざまな人のよい点を見つけていったほうが、自分自身を愛することにもつながるのです。

その人が嫌いなら、その人がきれいになる手助けをしてあげてください。少しでもきれいになる努力を始めたら、「そっちのほうがいいよ」と励ましてあげてください。髪型を変えたとか服の趣味を変えたときは、似合うかどうか不安だし、誰かに相談に乗ってほしいのかもしれません。

「それは似合うね」とか、「これもすてきだけど、こうしたら似合うのではないかな」などと、あなたが彼女を美しくする魔法使いになってください。その人がよく変われる方法を一緒に探してみてください。

だれでも小さな励ましの言葉をかけることができます。そして、きれいや勇気を人に与えることができます。誰かをきれいにする魔法を使うときに、その言葉をかけた人自身にも魔法がかかります。その人の雰囲気そのものが美しく変わるからです。

印象に残る女性

バイキングでおなかがいっぱいになっても、ケーキならば食べられる、そんな経験はありませんか。

おなかがいっぱいでも食べ物が違えば食べられます。

男女のつき合いも、これに似ています。ケーキを食べすぎた後のケーキはまずいのです。おなかがすいていて、甘いものがほしいときに食べるケーキは、多少味が劣っている安いケーキでも、おいしく感じることもあります。

魅力的な女性は、「与えすぎていない」女性です。彼とせっかくデートをしていて、ません。

あなたが一生懸命話していても、彼が思ったようにあなたの話に反応しないときもあるでしょう。そういうときにもっと真剣になってとばかりに、どんどん話しかけても、彼は、「今日はあっさり塩味がいいのに、ずいぶんと油っぽいな」と感じているかもしれません。

矢つぎばやにあなたの魅力を出そうとしないでいいのです。デートの前に、こんなことを言おう、これも言っておかなくちゃ、こんなこともしてあげよう、と考えたことを、すべてしようとしないでください。あなたの魅力は逃げたりしません。あれ、今日は彼が不機嫌なようだな、と思ったら、「今日はありがとう」と、にこやかに去ることだって素晴らしい魅力の表現なのです。彼が不機嫌だからといって、むやみに怒ったり、彼の抱えている問題を一緒に解決しようと助け舟をこちらから出してはいけません。男性に聞かれたら答えられる女性は知恵のある女性ですが、前もってなんでもかんでも彼の問題を解決しようとしないでください。男性は自分の能力を見くびられている気がするからです。彼の問題を解決するお母さんよりも、彼ができると信頼してくれるプリンセスを彼は求めているのです。しかし彼から頼まれたら、快く助けてあげてください。

魅力的な女性は、自分の魅力を出す量も加減します。そして、相手に与えようとする

ばかりではなく、相手からの好意や魅力を受け取ることも、上手です。男性は自分がその人にやってあげた分、その女性を愛します。自分がその女性を喜ばせた分だけ、その女性に執着しますし、愛情を持ちます。女性はやってもらったことがすべて記憶に残っていて、彼が自分のためにしてくれたさまざまなこと、自分に愛情を示してくれた優しい言葉と暖かさなどをずっと記憶しているものですが、だからといって同じように彼にやってあげたら愛されると思ってはいけません。

彼は愛する人の役に立てることがそのまま愛情に繋がるのですから、上手に受け取ること、感謝を持って喜んで受けることを覚えてください。

いつも遠慮をしていて、彼から受け取ることをしないと、彼も欲求不満になるのです。かといって、物を受け取ることを期待してはだめです。彼はあなたを愛すると、さまざまな点であなたが女性であると気づかせてくれます。そういったことを暖かく受け取れるように心を備えてください。

親しくなればあなたの得意なことも、だんだんと彼にわかってくるはずです。無理に隠そうとしなくてもいいのですが、最初のうちは意識して自分が言いたいこと、見せたいことをしまっておくようにしてみてください。彼からの会話からも、たくさんのものを受け取って楽しんでください。くれぐれも自分の知識に頼って、知識や魅力を見せつける「与えすぎ」に注意です。「心の底から」あなたが暖かく感じるあなたの心の声に従って、彼に真の暖かさを、適量、「与えて」みてください。

心の核を探って、運命の人に出会う

多くの恋愛相談を受けるうちに、運命の人と出会いたいと必死になっている人ほどそういう相手に出会えないということに気がつきました。彼女たちは実に多くのイメージングに関する本を読んでいて、さまざまなことをしていました。それだけのことをしているから運命の人が現われてもいいのに、現われないのです。方法が悪いのかと次々と変えています。あらゆることをして効果がないのであれば、それはあなたの方法が悪いのではなく、イメージングの方法が間違っているか、何かが足りない、何かを見落としているのです。

それに反して、気楽にイメージングをしている人は、ぱっと理想の男性が現われていることもありました。彼女たちは気楽なのです。それに、心のどこかで、「私は幸せになるんだ」と信じることができていました。「私は愛される価値がある」と信じることができたのです。

焦る気持がある女性も男性を遠ざけています。焦る気持というものも、「私は一人では幸せではないのじゃないかしら」という気持の表れです。どうして恋愛で焦ってしまうかというと、今までの体験の総集編を頭の中で繰り返し考えているからです。そして今度の恋愛はうまくいくのだろうか、本当にいい人が現われるのだろうかと心配しているのです。「相手がいなくて不幸なのに、このままだったらどうしよう」と考えています。今までうまくいかなかった恋愛のことが頭をかすめることもあるでしょう。イメージングなどをし尽くして、疲れているのかもしれません。

イメージングが叶わないとき、その心の中を探っていくと、根本にあることは、「私そのものって何?」ということがわかっていない不安です。**私は私。恋愛で成功してもしなくても私は私、と考えられる女性は出会いが早かったのです。**

振られた後に出会いがすぐにある、そういう女性も多くいました。そのような女性は悲しみを乗り越えて、前の男性とのことが一段落ついていました。そして、さて、これから私らしく生きるかな、と考えられるようになっていたのです。前の彼と駄目になってしばらくたって、精神的に安定して落ち着いてきた女性で、「私らしさ」を見つけた女性ならば、もうすぐ出会いがあります。

しかし以前におつき合いしていた男性との傷が深く残る女性では、「私は一体、なんのために生きているのだろう？　彼に愛されなかったということは、私には価値がないのかもしれない」と深く心が傷ついていて、なかなか前の彼を忘れられないようでした。そのように自分自身を見出せないと、その時期には出会いが少ないものです。たとえイメージングして素敵な男性を思い描いても、一方で「愛される価値がない私」と考えているのですから、出会うことが難しいのです。

愛される、価値ある私ということを信じなければなりません。すてきな彼と出会うことがイメージできたとしても、それを手に入れるのが自分である、と信じなければならないのです。

男性が自分の元を去ってしまい、深く心が傷ついてしまうと、「女性らしさ」をなんとかして取り戻そうとする女性たちもいます。ご主人に不倫をされて、自分の元を去ってしまった、心から信じていたのに、彼に捨てられた、などということがあると、女性としてどう愛されたらいいのかがわからなくなるのです。

そのような女性の中には、自分の価値が信じられなくなってしまい、それを取り戻すために整形手術を繰り返そうとしている女性がいました。それから女性らしさを取り戻そうと下着を買いあさっている女性もいました。自分の体型に自信がもてなくなり、胸が垂れ下がっていることばかりに気がいってしまって、胸のことを話し続ける女性もいました。しかし彼女たちが、「私は今のままでいいんだ」ということをもう一度取り戻すと、そういったことが気にならなくなったのです。そしてそれらのことを気にしなくなると、彼女たちを受け入れてくれる男性が現われたのです。胸に自信のなかった女性は、再婚しました。

運命の出会いをしたいのであれば、相手のイメージングよりも何よりもまず最初に、自分自身が今のままで愛されるに値すると信じなければなりません。そのためには、「私って何?」を探さなければならないのです。自分自身のイメージができてくると、その人に合った男性が現われます。その人らしい魅力が出て、さまざまな人から声がかかったり、仕事でもプライベートでも自分の好みの人々が現われるようになります。そしてさまざまな面であなたを助けてくれるのです。

それでは「あなたは何？」なのでしょう。まず、一番心にかかっていていつも悩んでいる心配事を探してみましょう。結婚相手が現われずに心配なのであれば、その心配事を見つめてみましょう。どうしてそんなに心配なのですか。誰も愛してくれないから？一人ぼっちに感じられるからですか。他の人には支えてくれる人がいるのに、そういう人がいなくて不公平なのでしょうか。ほら、見えてきましたね。あなたのセルフイメージは、「一人ぼっち。不公平に扱われている、誰も愛してくれない」あなたです。

心配事が仕事のことなのであれば、どうして心配なのかを見つめてみましょう。嫌でたまらないのは、対人関係でしょうか。失敗をしてしまうことですか。対人関係であればしかられるのが嫌なのでしょうか。誰かに馬鹿にされているような気がしますか。それとも受け入れられていない気持でしょうか。失敗をしてしまうのは、何が評価されないことが嫌なのですか。それとも自分の能力がないことがわかってしまうからでしょうか。

この場合、最後までたどって出てきたことが、あなたが信じているあなた像です。

とですね。

「私は評価されてない」とか、「馬鹿にされている」「受け入れられていない」ということですね。

さあ、ここからが運命の人に出会うレッスンです。この、「受け入れられていない」というものを、自分で満たすようにするのです。心の一番奥底にある、一番恐れているもの、それを解決しない限り、どのようなイメージングも邪魔されてしまいます。

受け入れられたいのであれば、自分自身で受け入れてあげてください。「大丈夫、私が受け入れてあげるよ」と言ってみてください。彼に「受け入れてもらおう」とするのではなく、家族や他の場所でそれを得られるようにしてみましょう。受け入れられる場所を自分で探してみるのです。サークルや、友人関係で、ほしいもの全部ではなくても、何ができるか探してみましょう。全部を友人や家族に求めるのではなく、自分が必要としているサポートをあちこちから少しずつ受け取るようにしましょう。

評価されたいのであれば、こんな趣味をしてここの部分を評価してもらおうとか、家族の中でも「お皿を洗って母に認められたときはうれしかったな」、あるいは「外にお花を植えたときは達成感がある」といったことを探して、自分で満たしていくようにします。

「一番深部の彼に埋めてほしい部分」を彼に満たしてもらおうとすると、飢餓感があるし、「これがないと私は生きていけない」という気持が外に表われて、男性を遠ざけてしまうのです。それどころか、運命さえ遠ざけてしまいます。けれどもその部分を自分で満たすと、その人の気持はとても明るくなります。私はこのままで価値があるということが信じられるようになります。この方法で相手が見つかる人も多いのです。ただし、頭で考えて求めていることを満たしても意味がありません。心の底から求めているものまでたどって探さなければなりません。あなたが本当に彼に求めているものです。彼さえ見つかれば解決すると考えているけれども、あなたが自分で与えなければならない心の奥底の核に当たるまで探っていってください。

このような作業をすると、自分が求めていたものが彼ではない、と気がつく場合もあります。すると、あなたが底なし沼のようになって求めていた彼ではなく、心から支え合う彼が現われます。

すがりつこうとするものは愛ではないから、愛を寄せつけないのです。自分で自分を満たすこと、自分を大切にすることで、初めて相手も心の底から愛せる準備ができてきます。あなたがあなたを満たせるとき、あなたを満たす誰かが現われるのです。愛は愛を呼んでくるのです。

あなたの美しさが引き出されるとき

心の中が変わると、運命の人と出会えることを前に説明しましたが、自分について感じているイメージが変わると、あなた自身も変わってきます。友人もたくさんよい人々が寄ってきますし、今まで周りの人々から影響されてプレッシャーを感じていたことも気にならなくなります。自分をよく知った上で、他の人々にも誠心誠意接すると、他の人々から理解されるようになります。

自分のセルフイメージが乱れているのは、さまざまな恐れやマイナスのイメージで自分の光が隠れてしまっているからです。

心の中に輝いている光を探すためには、あなたらしさを探して愛することが必要です。

そのためには、まず、あなたらしさを探してみてください。

好きなことはなんですか。どういうときに生きがいを感じますか。くだらないことでもかまいませんから書き出してみてください。それがあなたが向かっている方向です。あなた自身の使命も才能も、「あなたが好きだ」という方向にあります。ある人は、自分は活発なタイプだと信じていたのに、単純作業を繰り返すときに喜びを見つけることができました。その分野で才能を発揮することを知ってびっくりしていました。

そのように**自分らしさを探すと、楽に暮らせるようになります**。彼女の場合だと無理をして活発にしていたことに気がつき、事務を一生懸命にしてみたら心が落ち着いて有能な仕事ができるし、楽しいことに気がついたのです。

さて、あなたらしさを探したら、それを大切にしてください。あなたらしい方向で、あなたが喜びを探すようにしてみてください。

ある女性は、人の役に立てないと考えていました。しかし、手作業をするときに喜びを感じることを思い出したのです。小さいときに、紙で作ったさまざまなものを人にあげて喜ばれていたことも思い出しました。彼女は、また手芸を始めてみると、喜びに満たされました。

人は無理をしています。自分らしさを探してみると、自分の使命にも気がつきますし、自分が世界にたった一つの個性をもった存在であることに気がつき、自分自身を大切にできるようになります。

あなたがあなたを受け入れると、その人らしい美しさが出てきます。今までどのようなカラーを出したらいいのかわからずに、おしゃれをしても何をしても不安だったものが、愛されるべき存在であると信じられるようになります。

あなたは愛されるためにこの地上にきました。あなたはたった一人の大切な宝で、誰かを愛せるからこそ、この地上にきたのです。あなたがあなたを受け入れられるようになると、心の扉が自然と開いて、心の壁を壊すことができます。心の扉を開くことができると、他の人が入ってきます。

心のイメージチェンジ

イメージチェンジをしたくなるのは、何か心境の変化があったときかもしれません。「今までの私と違う私を見せたい」と、自分に飽き足りなくなったときかもしれません。見た目を変えるように、心もイメージチェンジができます。このイメージチェンジをすると、外見も変わるので、他の人へ与えるインパクトもかなり強いようです。

心のイメチェンをするのであれば、「今までのあなたを変える」という覚悟を決めてください。その覚悟が決まらないと、これからのページは読んでは駄目です。

さて、今までの自分を変えたい、と決心がついたら、次に、今までのあなたの思い込みをはずす作業に当たります。

必要なものは、ノート一冊。それと筆記用具です。整形手術をしたり、髪型を変えるのに比べて、金銭はかかりません。しかし効果は絶大です。

まず、あなたはどういった恋愛をしてきたでしょうか。あなたのアプローチの方法を書き出してみてください。その中で魅力だと思うことはどんなことでしたか。

すぐに優しく接することが魅力であるという人もいれば、打ち解けるのに時間がかかるけれども、よさがわかってもらえると彼からずっと好かれていた、ということもあるでしょう。それから、あなたはどうしましたか。彼に電話をかけましたか。彼はどう答えて、彼のしぐさや言葉のどんなところに希望を持って、先に進みましたか。

この、自分の魅力を書き出す作業は、実は他の人に見てもらうととてもうまくいきます。自分の中でごまかしてきた傾向がよく見えるからです。この方法でうまくいくと思っていたものが、単に、「いい人だなあ」と思われていただけということもあります。この方法は間違っていたということに、人はなかなか気がつかないのです。そのように考えるよりも、「最初はうまくいっていたけれども、後からこういう事情があって、この恋愛はうまくいかなかったのね」と考えるほうを好むからです。あるいは、「愛されていたけど、途中から駄目になった」と信じるほうがロマンチックですから、心はそう信じます。最初からなんにもなかったとか、ひょっとしてそれほど愛されていなかったのかもしれないなんてことを見つめるなんて、辛すぎることもあるからです。

ですから、ひょっとしたらあなたの恋愛は始まっていなかったのかもしれませんし、彼から愛されていないうちに自分が盛り上がっていたということに気がつくかもしれません。

でも大丈夫、あなたがそのことを見つめられるようになると、だんだん恋愛は上手になるものなのです。覚悟がいる、と言ったのはこの部分です。テレビで発表するわけではないのですから、「私のほうが彼を捨てたのよ」とか、「彼にはお金がなくて、そんな人とつき合える?」などとごまかさなくてもいいのです。自分が体験したことをそのまま、彼のそのときの反応そのものを書いてみてください。

さてさて、あなたの傾向がおわかりになったでしょうか。ほら、恋愛って、いつも同じことをしていますね。

それではノートを見渡してみて、今度は「反対のこと」を書き込んでみましょう。初めに明るく接していて、彼の気持を上手に引くことができていた、それはあなたらしさでよい点です。でも少し、ほんの少しの期間だけ、反対の魅力を書き出してみて、身につけるようにしてみてください。あなたと違うタイプの人のまねをしてみてください。そうすると、むずむずしてきます。「私、話さないといらいらする」というふうに感じてきます。一週間、二週間、そのようにしてみると、静かにする魅力も手に入れられるのです。今まで明るく振舞わないと駄目だと思っていたのに、静かにしていても相手をひきつけられることに気がついてから、自分に自信がついたという女性もいました。「こういうふうに自然にしていてもいいんだ」と感じたからです。

かわいらしさが魅力なの、という女性もいます。そのままで大丈夫です。でもほんのちょっとの期間だけ、かわいらしさに頼らない訓練をしてみましょう。それはあなたの裏側にある魅力も引き出すためです。

反対のことをしてみると、案外、心地よく、「え、こんな私も受け入れてくれるの」とびっくりすることだって出てきます。違う魅力を出したら、彼が大切にしてくれるようになった、そのような女性もいるのです。

肉体をすぐに使ったり、話題にセクシーなことを入れないと安心できないタイプ、男性の前でわざと男っぽく見せて、「男なんか関心がないのよ」と振舞っていた女性、笑いを取ることで相手の関心を引いている女性などでは、最初は反対のことをしても大丈夫かな、と心配になることもあるでしょう。でも実践してみてください。**あなたが今まで取りすがっていた方法が、あなたの魅力を損なっていたこともあるのです。**

さまざまな自分を発見することは、自分らしさを殺すことではありません。それどころか、幼いときから「あなたはこういう人」、と考えさせられてきたさまざまな価値観を見直して、あなたの中の力や魅力を解放することでもあるのです。これをしないと駄目だという思い込みをはずしてから、あなたらしさにもう一度戻ると、不思議なことに今度は同じにぎやかな人でものびのびした自由さが出てくるのです。

「これしか私には魅力がない」と考えているのと、「私はいろいろできるけれども、この魅力を大切にしているの」と選んでいるのとでは、自然と外に出るものも違ってくるからです。

好きなことを極める生き方が、男性をひきつける

男性と女性の大きな違いは、男性は最初に理屈なしで女性を好きになる、ということです。理屈でその女性と将来やっていけるかどうか、合っているかどうかではなく、最

初に女性を好きになり、距離を縮めて、そしてだんだんと「待てよ、俺、このままこの子とどうするんだっけ」と、あとから考えるときがくるのです。

今まで熱心に追いかけてくれていた男性が急に冷静になるときです。

女性は好きになっても、最初の段階では、冷静に相手を見詰めています。この男性って、どんな人、学歴は？　などと、好きとはいえ、さまざまなことを見ています。しかし男性とは反対に、だんだんと彼のことを受け入れていくので、好きな男性と肉体関係を持ってしまうと、「この人と一緒にやっていきたい」と望むようになります。

ですから男性が最初に情熱的であることにアグラをかいて、女性がうまく距離をとらないと、女性が男性を追いかけるころには、男性は距離を取るということが起きてきます。

女性のなかには、最初はよい関係だったし、彼が大切にしてくれて、自分を追いかけてくれたのにどうして急に冷たくなったのかわからない、という人もいますが、だいたいそういう場合は、彼が距離を縮めてきたときに性急に自分も距離を縮めているのです。会ったその日に肉体関係を結んでいる関係が難しいのは、このためです。彼がその女性に対して尊重や尊敬の気持を持つ前に、二人が肉体関係を結んでしまったのです。そのために「この人はそういう関係の人」と彼の頭にはインプットされてしまいます。

男性の中には愛情をしっかり育てることが苦手で、そのようにすぐにつき合える女性ばかりを求めて生きている男性もいますが、そういった男性は、女性が求めている愛情を与えることができません。一緒にいてほしいときにいてくれたり、家事を手伝ってくれたり、そういった思いやりが途中から示せなくなります。ですからそのうちに関係が破綻していくことが多いのです。いつも気軽な女性とつき合っている男性には近づかないほうが無難です。

また不倫の関係も、最初に男性が大変熱心に彼女を求めてくれるということがあります。奥さんとうまくいっていないときには、そういった男性は奥さんで満たされないものを求めて彼女を求めてきます。しかし女性がその男性を愛するようになってしばらくたつと、急に彼が関係を続けられなくなることがあります。

男性と女性の関係がうまくいくには、お互いにお互いのことを大切にしていることはもちろんですが、女性のほうも、彼といても自分の好きな人生を諦めないことが大切です。**自分の人生について、彼がいないとしたらどのように生きていくのかを考え、自分の趣味や、好きなこと、生き方、大切にしていることがはっきりとしていて、その上で**

人生を一緒に歩んでいけるようでないと、だんだんと関係が難しくなるのです。

もちろん、結婚したら仕事をやめるといった二人の調整は必要です。主婦になることも立派な選択です。問題は、その中であなたはどう喜びを得ているかを、はっきりと知っていなければならないということです。

女性が彼にくっついて生きがいになって追いかけだすころ、彼が逃げだす、あるいは全然彼女を大切にせずに愛情を感じなくなってきた、そのような相談はとても多いのです。彼が中心に世界が回るのはよくわかります。でも、今日あたり、少し彼のことを忘れてお風呂にでもゆっくり入ってみませんか。

女性がきれいになるとき

女性が大変にきれいになるとき、それは恋愛をしているときです。肌のつやが全然違

います し、内面から輝いています。男性がその女性をきれいだと誉めるときには、女性は見違えるように美しくなります。

美しさは、その人が自信を持っていると出てくるのです。男性から誉められることで美しくなれるのは、愛されて誉められることで自信が出てきたからです。愛されているという確信が、喜びとなって、光のように全身を輝かせています。

誰かに愛されて美しくなることは素晴らしいことです。けれども、同じように、自分自身でも自分を誉めることができたら、美しくなることができます。

ジョセフ・マーフィーは、心の持ちようによって、人生はどのようにでも変わる、ということを教えたアメリカの思想家です。彼は多くの人々に、考え方を変えることで人生が変わることを教えました。「私は全然魅力的ではないのです」と考えている女性に、その考え方を変えることで、きれいになる方法を教えました。魅力的であると考えれば魅力的になれるのです。

しかし女性はそう伝えるとかたくなに言い張ります。「そうは言っても、私はこんな顔をしている、今までに好かれたことがない、足が太い」など、さまざまな理由を人それぞれに持っていて、それが彼女の心の中では中心になっています。

しかし**心の中で信じていることが、そのままその人の人生になっているということを、多くの人々に接するうちに、確信しました。**その人の「心の奥底にある考え方」を変えるだけで、その人の人生そのものが変わるということを、実際に見てきたからです。ですから、「そうはいっても」というその先の考え方がある限り、その人の人生が変わることがありません。しかし、今考えている「そうはいっても」が、「私は魅力的になれるのだ」に変わると、その人が変わっていきます。

そうはいっても、急に「魅力的になる」と信じようとしても、心の中で葛藤が起きて、なかなかそう思えないでしょう。長年にわたって、「私は魅力的ではない」と信じてきた女性であれば、なおさらです。

そういった女性が魅力的になるには、二つの面を変える必要があります。一つは、心を変えるとすべてが変わることを実感することです。

実際に、あまり魅力的ではなかった女性が、鏡に毎朝話しかけることで「私は魅力的な女性」と信じられるようになり、魅力的に変わった例を知っています。今まで男性から声がかからなかったのが、声をかけられるようになった、きれいになったと言われた、そういう女性もいます。**心の中で信じていることが、今、あなたの現状を作っています。**

あなたが魅力的ではないと信じるようになった最初のとっかかりは失恋したことかもしれませんし、誰かから心ないことを言われたことかもしれません。いずれにしろ、実際に「私は魅力的ではない、私はきれいではない」と信じていることで、他の人の目にもそのように映るのです。

もう一つは、今までの行動のパターンを変えていく、ということです。あなたは、「もし私が魅力的だったらこういうふうに生きているけれども、そうではないから、こんなふうに生きている」と考えていることはありませんか。行いを変えることは、心を変えます。

もし魅力的になりたかったら、本気で魅力的になろうと決心することです。今まで魅力的でなかったのは、あなたが魅力的でないということを選んだからなのです。

男性に接したときに、「私は魅力的でないかもしれないから、男性に親切にしよう」とか、「きっと魅力的ではないから、たくさん話をしよう」という気持があるのであれば、一度、女優のように振舞ってみてください。あなたは価値のある、魅力的な女性です。心に深みがあり、気持も安定しています。微笑がバラのように輝いている女性だとしたら、どのように振舞いますか。姿勢よく歩き、周りから見られると考えてください。

そのように振舞っただけでも、雰囲気が変わってくるのです。

髪の毛を美しくかき上げてみてください。優雅に食事をしてみてください。あなたの心の中には、容姿だけに気を配って他の女性に嫌われている女性がイメージされているのかもしれません。しかしそうではなく、他の女性の気持も理解している女性です。他の女性にも優しく、容姿のきれいさだけを売り物にしているのではありません。何が正しいかを知っているし、真の美しさを理解した女性です。あなたがもしそんな女性だったらどう振舞うかを考えて、そのとおりに練習してみてください。服は何を着ていますか。どういう話し方でしょうか。髪形はどうでしょう。

あなたが現在、自信がなくてもかまいません。しかし、生き方を変えることはできます。すると、だんだん美しい女性になるということの感覚がつかめてきます。魅力的になる行いには、練習が必要です。一回、二回でできることではありませんし、せっかく魅力的な女性になれたと思って行動していても、がっかりすることがあって、自信をまたなくしてしまうことも、あるかもしれません。しかし、**練習をしていくと、自分自身で魅力的な女性になるにはどうしたらいいのか、人々の反応も見ながら、少しずつわかってきます**。行動を変えると、気持も変わってくるのです。

恋の主人公になろう

ドラマでは、失恋する人と恋愛がうまくいく人がはっきりわかります。主人公は美しい女性ですが、実際には、恋愛が成就するのは、誰が見ても美しい人とは限りません。しかしその男性にとって、彼女は一番美しい人なのです。その雰囲気を描くために、主人公には美しい人を選んでいるのです。

ドラマで描いているのは、その人の雰囲気です。ドラマを見ていて、制作者はその女性の美しさを描いていますから、彼が何を描こうとしているかを探してみてください。

ドラマによっては、彼女の明るさやかわいらしさを強調しているでしょう。生き方が美しい女性の恋愛を描いているものもあるでしょう。また、ライバルの女性はどのように生きているのか、恋愛でどのような行動をしていて、彼から好かれているのかあるいは嫌われているのかも参考になります。

そのドラマに出てくるどの人も、よく観察すると、あなた自身のはずです。脇役の女性が嫉妬しているところも、優しい主人公が彼のために身を引くのも、彼とうまくいって喜んでいる主人公も、すべての人物はあなたの中にもあるはずです。両方の心を持ったあなたは、ドラマの主人公にも、脇役にもなれるのです。

あなたはどんなドラマの主人公になりたいでしょうか。美しい主人公で最後はハッピーエンドのものを演じたいですか。そのドラマの主人公のように、天使のような女性になりたいでしょうか。それともそのドラマに出てくる脇役のように、相手の恋愛を邪魔して最後は一人ぼっち、そんなふうに生きたいですか。彼が手に入らないのに業を煮やして意地悪なことを考えたりする、そのドラマに出てきた脇役の役割を演じたくてたまらないでしょうか。

あなたは美しさも醜さも両方持っているのですから、みんなが感動するようなドラマの主人公になることも、くだらないドラマの脇役で終わることもできるということです。「アリーマイラブ」の中でのアリーは、よい男性を手に入れようと必死です。でもそうなればそうなるほど、あれほどかわいらしい女性なのに、男性は結局、彼女の元を去って行きます。かわいらしさや美しさが武器にならない主人公というものだっています。

さて、**ドラマの主人公には一つだけ鉄則があります。彼女は彼に要求をしません。だ**

めになった恋愛にしがみついて「私を愛してください。どうしても愛してください」と彼女に言わせたら、途端に彼女は脇役になってしまいます。それは、恋愛ではなく、火曜サスペンスのストーカーの話になってしまうかもしれません。

あなたが彼にとって美しい女性になるためには、彼に愛情と思いやりを示すようにしてください。そして彼と二人でともに築いていくものを考えていってください。

また、このストーリーの筋書きには、あなたが書いている以上のものがあることを信じてください。あなたが考えている以上のものが、用意されているのです。今の失恋が、明日の素敵な彼への出会いに繋がっていることもあるのです。そのように信じることができたら、あなたはハッピーエンドのドラマの美しい主人公になれるはずです。

第 4 章

男性を動かす資質

女性に親切にするのと同じ方法を使ってはいませんか。
男性を動かす方法を使うと男性はあなたを守ろうとしてくれるようになるのです

あなたを守りたい気持にさせる感謝の方法

男性は女性から誉められたり、感謝されることで非常なエネルギーを得ます。女性でもそうです。しかし女性の場合は、「あなたがいてくれてうれしい」と、あなた自身のことを指し示して、感謝をしてもらうとうれしいのです。「あなたはなんてきれいなんでしょう」と自分自身を直接誉められるとうれしくなります。男性もそのように感謝をされることは大変にうれしいものです。しかし、「あなたってすてき」と自分自身のことを誉められても、「あ、俺ってかっこいいんだな」と、誉められてうれしかったで終わる男性もいます。

男性は、自分の力を評価してほしいという気持があります。ですから、彼がしてくれたことに感謝をし、男性がしてくれたことを喜ぶと、彼は「ああ、僕は役に立ててうれしいな」と自分自身を評価できるようになり、彼女と関わることが喜びになります。

食事に行って、「この食事、すごくおいしい」と言われると、自分の能力が評価されているようで、男性はとても喜びます。女性であれば、「あなたと一緒だとうれしい」と言われるのが一番うれしいのですが、男性のしてくれたことを喜ぶことは、大切なことです。

お互いに感謝することがうまく行っていると、男性はより男らしくなります。彼女を守ることに誇りを感じるので、彼女を守ろうとし始めます。彼のほうも彼女を受け入れて愛し、彼女に感謝するので、彼女も女性らしさが引き出されて美しくなっていきます。

男性のプライドは大変に高いので、誉め方にも励まし方にも注意が必要です。女性のプライドは、自分の心の弱さを見つめることをそれほど恐れません。しかし男性は、自分は弱いのではないかと本心を見つめることが恐ろしく、一番弱いところに目を向けさせるものを恐れたり、憎んだり、一時的に嫌いになることがあります。

感謝を表わすときも、彼が自信を持てないときには、いやみに聞こえてしまうことがあるので注意が必要です。なんだか自分を動かそうとしている、嫌だ、そういう気持になったときには、どんなに誉めて励ましても、彼が力を得て変われる時期ではないからです。

そのように彼が心の深いところで悩みを抱えているときには、彼が自分自身で立ち直ることを信じてあげることが一番の励みになります。男性がひどく落ち込んでいるのを、直接「がんばって」と励まされると、苦痛なこともあるからです。失敗が大きくて非常にがっかりしているときに、「そんなこと大丈夫だよ。またチャンスがあるよ」と言われると責められている気がすることもあるので、大変にショックなことがあったときには、そのことに触れずに暖かさを示してください。

彼の様子を見て、彼が今は「そのまま受け入れてほしい」時期なのか、「自分ができると信じてほしい」時期なのかを見極めることも、大切です。大概、男性は「あなたにはできるわよ」と堅く信じてもらえると非常な力が湧きます。しかし非常に落ち込んでいるときには、それさえ苦痛になり、そのままの自分を受け入れてくれることが、励みになることもあります。

男性に感謝を表わすのも、タイミングがあります。「この間はありがとう」と言うのでも、何か月も経ってからでは効果がありません。彼があなたに何かをしてくれたときに、素直に喜ぶことが、感謝を表わすことと同じということを忘れずに、喜びを表わしてください。そのようにすることで、彼も喜びを感じます。

しかし、これはその場一回でいいのです。無理にしないことです。自然に表わすことが大切です。すると、二人のおつき合いは自然な形で発展していきます。また、いつも同じことでしつこく感謝していると、うそくさくなるので効果がありません。

彼がいてくれることを喜ぶことができ、彼がしてくれることを自然に受け取り、それを心から楽しめる女性の姿ほど、男性を魅了するものはありません。

男性が思うとおりにならないとき

このページを最初にご覧になった方は、正義感が強い方かもしれません。自分のやり方は常識的なことだと思うのに、彼がそれをわかってくれないという思いが強くはありませんか。もしくは彼の道徳心や価値観が自分の持っているものとは違うので、悩んでおられる方もいるでしょう。

まずその前に考えてみましょう。彼のその癖は、直さないと困るものですか。それはどうしてでしょうか。でも**人を変えようとするのは、とても非現実的な願いです。彼を自分の力で変えてみせるわ、と気張れば気張るほど、彼は変わりません。**

結婚されている方々の悩みはすべて、この違いのぶつかり合いです。恋愛の初めごろは寛容になれたことも、彼と長いつき合いとなる、あるいは、夫婦となると途端にがまんできなくなることもあるので、今のうちに調整方法を探しておいたほうがいいのです。つき合っているときに、彼のその癖が二人の間でやっていけないほど大問題なのかどうかを考えることは大切なことです。彼の女性とのつき合いが派手であるならば、彼を急に変えようとしても無理です。ひょっとしたら何十年後、あなたが考えているように彼は変わるかもしれません。でも、彼が変わるのはあなたが説得したからではなく、彼自身が変わろうと決心したからなのです。そのときまでその状況に耐えなければなりません。そういった価値観の違いはずっと二人の間に根を下ろしているので、あまり違う価値観の場合は、一緒にやっていけるかどうか、よく考えなければなりません。もしどうしても一緒にやっていきたいのであれば、自分が折れる覚悟もないと結婚生活そのものが難しくなります。

結婚したら、子供が生まれたら彼が変わると考えて時間を無駄に過ごしてしまったと嘆く女性も多くいます。ですから**これさえ変われればと考えていることは、変わらないと考えて予定を立ててください。**

彼のことがよくわからずに二、三か月で結婚したご夫婦では、問題が後から起きてきます。「え、こんなことがあったの」と、びっくりすることも多いのです。ある女性はつき合って三か月で結婚したら、相手が家族をぜんぜん大切にしない男性であることに驚愕しました。ですから、ある程度つき合って人間性を見ることも大切です。

彼が変わらないとしても、あなたは彼とやっていけますか。それは真剣に考えなければならないことです。浮気癖がある、暴力を振るうことがある、アルコール依存、そのような場合は真剣に考えなければなりません。あなたがいることで彼が救われると考えるのだとしたら、あなた自身が問題のある男性を求めているのですから、その考え方を変えなければ苦しみばかりの生活になります。彼を救うことで人生の喜びを見出そうとしているのです。

子供が嫌い、将来叶えたい夢があって当分収入がない、海外で暮らしたい、などという場合は、あなたの未来像と彼の未来像が合っているかどうかを調べなくてはならなくなります。あなたが協力しなければならないことも出てきますが、その覚悟はあるでしょうか。

彼に関する悩みが、彼が几帳面ではない、だらしないといった小さな習慣の違いであるならば、そのような生活習慣を持った彼とどのように暮らしていくかを考えるほうが、問題は解決しやすいのです。**彼の持っている性格、習慣は変わらないからです。**

彼が飲み物を飲むたびに新しいコップを机の上に出して、一つとして片付けてくれないことが非常に気になるという女性がいました。彼女は文句を言うのが嫌だったので、家中のコップを片付けて、たった二個のコップだけにしてしまいました。このように自分の工夫で問題が解決することもあるでしょう。

彼が時間に遅れるのであれば、デートの時間を早く教えておくことがよいかもしれません。彼があなたを愛していると、脅せば習慣を変えてくれることもあります。しかしそれが習慣にならないと、何か月後かに彼が元に戻ってしまうこともあります。また、無理に彼を変えると、長年の間に負担になり、彼が不満を持つという場合もあります。ですから強制ではなく、彼が生活を変えたいと心から望んだときに励まして協力をしてもらうことが必要です。

男性をしつけようと考えると男性は反抗します。聞こえないふりをします。何度言っても彼があなたの言うことを聞いてくれないのであれば、あなたの言うことに賛成をしてはいないのです。どんなにあなたが正しいと思われるような理屈をこねても、彼の心には響いていないのです。ただ、男性は面倒くさがり屋です。あなたに文句を言うと、何千倍にもなって返ってくるのが嫌で、うんうんと返事をしているのかもしれません。

浮気をする男性の言い訳の中で多いのが、奥さんががみがみ言うので耐えられなくなったというものです。彼があなたの言うことをうんうんと聞いているのに、態度を改めないのであれば、彼はあなたに反感を持ち始めています。

やろうとしても忘れてしまうということもあります。結婚してからご主人がごみを捨ててくれないとぼやいている女性がいました。なぜきちっとやってくれないのか、と彼女は考えました。でも結局、彼は忘れていたのです。ごみを捨ててくれたときに喜んでいたら、彼はだんだんとごみを捨ててくれるようになりました。

忘れていることを責めると、男性はますます健忘症になります。嫌だから意識から抜けていってしまいます。普通、強いほうが説得をすると、弱いほうが黙りますが、それは納得をしているわけではありません。特に、「自分はこうだったから、こう」「他の人はこう」「一般的に言って、このように言われている」というのは聞いてもらえない一番悪い方法です。人と比べられるとやる気をなくしてしまうのです。

男性を変えたいのであれば、あなたが模範を示してそのことをやってみること、それを彼がひょんなことから、あるいは偶然できたときに感謝すること、これを忍耐強く繰り返すことが一番の早道です。

相手があなたを追い求める「すてき自立」の勧め

この本の中で、彼にべったりとくっつく姿勢が時として彼とうまくいかなくなる理由であることを述べました。**自立は恋愛を進める上でもとても大切なのです。**対人関係をうまく進めたり、恋愛をスムーズに進めるには、正しく自立をしていることが大切です。

この、恋愛を上手に進める自立というのは、肩肘を張って、仕事をばりばりこなして誰にも頼らないというような自立ではありません。自立している女性であれば、正しいときに、正しいところから、正しい方法で援助を求めることができます。なぜならば一人でなんでもできることを誇りとは思っていないからです。正しいことを正しいときにできることのほうが、よっぽどよい方法であることを理解しています。しかし自分でできること、頼らなければ問題が大きくなることなどの区別がしっかりとしています。そして、自分が頼られたときには、自分のできることをよく知っていて、心をこめてしてあげられます。もちろん、できないことは断る勇気も持っています。

そのように正しく自立していると、他の人からの助けを喜んで受けることもできます。自分一人でできることでも、相手があなたに何かをしてあげたいと思っているときや、相手の成長のためになるのであれば、その助けを受け取ることもできます。しかしそういう助けがあることを当然とは思っていないので、助けられたときに感謝の気持で満たされます。

この姿勢があるので、他の人々が彼女を気持よく助けようとしてくれるのです。

恋愛でもこの真の自立の姿勢は大切です。**自立していないと、最初はかわいいと言われるような女性でも、恋愛が長続きしないことも起きてきます。親しくなればなるほど自分の範囲に入ってくるので、男性には息苦しくなるような感じがします。**また反対にあまりに独立しすぎていて、相手と一緒に問題を解決しなければならないときに逃げてしまう女性もいます。そういった場合も、双方がうまく関わることができません。

真の自立をしていると、心と心が繋がっていることを信じることができるのです。もし相手があなたをかまってくれなくても、あなたは自分に価値がないとは思ったりしません。**相手が不機嫌であっても、不安定であっても、あなたはあなたらしく生きていけます。**そして自立している同士が味わえる、心からの愛情を信じることができるようになります。

自立をしていないと、彼との恋愛の温度差を許しません。「私が愛する以上に愛してくれないと嫌だ」と彼に訴えます。でもそうすればそうするほど、彼から与えられている愛情を感じられなくなるし、惨めになってきます。**彼があなたの思うとおりに愛してくれなくても、それを受け入れることを学んでください。恋愛では焦ったほうが負けなのです。**彼との恋愛の温度差を待てることも、自分で立つ第一歩なのです。

自立すると、愛情センサーが働き出す

二人の関係を安定したものにしようとしたら、愛情センサーが働いていないと難しくなります。この愛情センサーというのは、相手に愛情があるときに正しく感じられる能力です。

ある女性は、男性と肉体関係を持ってしまってから、彼に対して大変わがままになりました。そのうちに女房面をしてなんでも彼に命じるようになりました。食べ物の好みまで健康によくないものはうるさく言い始め、笑い方が変だ、もっと愛情を注いでほしいなどと、彼になんでも伝えるようになりました。彼はそれが負担で彼女から逃げ出したのです。

この彼女の場合は、彼に対して「なんでも言うことを聞いてくれることが愛情」と思っていました。幼いときに充分に愛情を受けていないと感じている女性の場合、肉体関係を持ったころから、相手に今まで得られなかったものをすべて求める、という傾向が

あります。すると、恋愛はうまくいかなくなります。

こういったことは男性にもあって、女性にひどい扱いをすることで、自分を愛しているかどうか試そうとする男性もいます。なんだかいらいらしてしまって、彼女が愛情を示してくれても、普通の方法では自分を受け入れてくれていない気がしてしまうのです。その結果、暴力を振るってしまう場合もあります。暴力を振るって相手がまだ家にいてくれると、ようやく愛情が感じられて、少しの間、優しくなりします。しかし根本的に相手の愛情を信じていないので、また不安になると暴力を振るったりします。アルコールを飲みつづけて、「こんな僕だけど、俺を捨てないでくれ」と言うことでしか、安心できない場合もあります。

女性ならわかると思うのですが、このようなことをしなくても、女性は男性を愛します。それどころか、こういう行動を繰り返されて「僕を愛してください」と言われると、うまくやっていけないことがわかるはずです。

男性だって同じです。いくら愛していても、「四六時中、私を見ていて、私のわがままを聞いてよ。全部聞いて」と言われると、支えられなくなる場合もあるのです。

女性はときどき、自分がそのまま愛されるということが、わがままを言って受け入れ

られることだと思ってしまいますが、そうではないのです。あなたがそのまま愛されるというのは、「私はこんな変な考え方をしてるんだけど」「ほうほう、変わってるね」「あ、失敗しちゃった。恥ずかしい」「いいんじゃないの」と、あなたの欠点も失敗も、彼は面白がってくれる、みたいなことです。つまり、彼女のユニークさや、彼女そのものをそのまま受け入れるということであって、決して、「わがまま放題を受け入れてくれなければ私を愛してくれていない」ということではないのです。

しかし、女性がわがままを男性にぶつけないと愛情を確認できない気持も充分にわかります。ここで大切なことは、彼の愛情が信じられる愛情センサーを適切に動かすということです。そういったことで男性の愛情を確かめようとしている女性たちの場合は、愛情センサーが動いていません。それで、彼がちょっと連絡をしないと、「愛情がなくなった」と感じてわがままをしたり、相手に詰め寄ったりするのです。

そのために、自立が必要になるのです。たくさんの人々と接し、「あ、こういうときは、相手に頼ると負担かも」「だけど、これは私もわがまま言っちゃおう」「これはできないけど、これなら私がしてあげられる」という、人との距離がわかってくることが大切なのです。

本来、人と人のつながりは楽しいものです。もし、人と人のつながりが苦しくなったのであれば、それはその人との距離を取り間違えているからです。

ある奥さんが、子育てノイローゼになりました。彼からサポートが全くないということで、落ち込んでしまったのです。しかし、彼も仕事で忙しかったのです。彼女が自立して、この愛情センサーを働かしてみると、彼はただ忙しくて、怖い顔をしているだけだということがわかりました。彼女は、彼が怖い顔をしているから、彼が自分を愛していないのだと感じていました。そのために、私はなんと孤独なのだろうと惨めに感じていたのです。愛情センサーが動き出すと、彼にある愛情は、ちゃんと感じるようになります。

怒りを伝えてもいいとき、悪いとき

何かがあって、彼に怒りが湧いても、これをぶつけて彼が受け止めてくれるとわかっているときは、二人の関係が安定しているときです。彼もあなたを好きで、あなたも彼を信頼しているから、怒りもぶつけることができるのです。

しかし、彼のすることにいちいち怒りが湧いてきて、怒りを相手にぶつけるたびに相手との関係が悪くなるのであれば、二人の間には、根本的に問題があるのかもしれません。

ある相談者は、彼が誕生日も何もしてくれないと言って、怒っていました。同棲していた二人でしたが、彼女が彼に怒りをぶつけると、彼は家を出て行ってしまったのです。

彼女は何年もの間、彼が誕生日プレゼントをくれなくてもがまんしようとしました。ついに怒りが込み上げてきて彼にぶつけても、彼は、「仕事で忙しい」と言うばかりです。しかし根本の問題は、「誕生日のプレゼントうんぬん」ではありませんでした。彼は彼女への気持が冷めていたのです。彼は浮気もしましたが、彼女はそれを許していました。黙って待っていたら、彼が結婚してくれると思っていたからです。しかし、彼が愛してくれているかどうか、確信が持てなくなっていました。心の奥底では、この関係は何かが間違っているのではないか、と感じていました。ですから、「私を愛していないんじゃないの」ということが問題で、それを「なんで誕生日をしてくれないの」という言葉で尋ねていたのです。

このような場合は、怒りをぶつけたからうまくいかなくなった、というよりも、もともと二人の結びついた過程か、あるいはつき合っていたときに、どちらかの気持が冷めていることが問題なのです。それをなんとかしたいと思う側と、それが面倒くさいという二人の間で、さまざまな葛藤が起きてきます。そのようになると、もはや、「誕生日をどうするか」という問題ではありません。少し二人の間に距離をおかないと修復ができません。二人がそれぞれに「相手にどうにかしてほしい」「相手にこの怒りをわかってほしい」ではなく、「自分は何ができるのか」というように考えないと、双方ともに煮詰まって、一緒にいられなくなってしまいます。

夫婦の間でも、怒りをぶつけても相手が応えてくれないときには、話し合いそのものがうまくいっていないのです。双方で怒っている内容を理解していないのです。

怒りの内容が些細なことで、彼がきちっとあなたに愛情を示してくれているのであれば、怒りを彼にぶつけてしまう前に、自分自身の怒りの元を確かめてください。自分自身の心を見直すチャンスなのです。時として小さなことがとても気になるときには、自分が幼いときに刷り込まれた価値観が原因で怒りが湧いていることもあります。例えば、「あほだな」と言われると非常に悲しくなるという場合は、どうしてその言葉を言われると、悲しくなるのかを考えてみる必要があります。恐らく、その言葉には、「自分を低くさげすんでいる」といった思い出があるのです。

彼に頼みごとをされると頭にきて仕方がない、という女性がいました。彼女の場合は、自身の母親がプレッシャーを与えてなんでも彼女にやらせるタイプだったので、彼女はそのときと同じような気持になって、冷静に頼みごとを聞き入れられなかったのです。

自分が怒る気持の理由を知ると、彼ともうまくいき始めます。不思議なことに、自分の気持を整理すれば、相手も同じように気持を整理できるようになります。

彼からもっとメールがほしいとき

上手に説得をしたはずなのに、どうして彼はわかってくれないんだろう。そう思ったことはありますか。たとえば、電話がないとか、メールがないとか。あなたは、「メールが来たらうれしいんだよ。安心するの」と丁寧に伝えているのにも関わらず、彼が無反応なのです。メールの数が減るのは、一つには彼の愛情が冷めた場合もあります。しかし、彼の態度が変わらないのであれば、メールの数をもう一度、増やす方法をお教えしましょう。

さて、そのお話をする前に、この会話を聞いてみてください。男性同士の友人が、たまに会ったとします。

「おー」

「よー」

おーってなんでしょう？　よーってどういうこと？　と、女性ならば思ってしまう会話です。しかし男性は、これで充分に伝わったつもりなのです。

一般に男性は、友人で信頼していればべたべたしません。だからといってあなたにもそのようになってしまってはつまらないと感じるかもしれません。しかし、**メールや電話を毎日してもらおうと考えているのであれば、長くつき合ううちにそれは彼にはかなり負担になるかもしれません。**

こういった場合、女性は、男性に自分の気持をわかってもらおうとします。事態を改善しようと、相手に丁寧に説明をするのです。「忙しいときに無理にメールをしろって言ってるんじゃないの。だけど、メールしてくれると安心するから、あなたのことが大切だから、一言でいいからメールがほしいの」というように、上手に説明をします。けれども彼にしたら、「一言で意味のないメールをしてもな。今日は忙しいし」と感じればメールをしません。彼女が安心するかどうかに関わらず、メールをしようという気が起きなかったのです。

でも、そうはいってもどうしても彼からの電話やメールを増やしたい、それならば取っておきの方法をお教えしましょう。**あなたからのメールと電話の数を減らしてくださ**い。**特に、「電話ちょうだい」「メールちょうだい」**と**いったメールをたくさんしていた**

女性ならば、これは効果があります。急にメールの数が増え、彼女を丁寧に扱いだすのでびっくりする女性も多いのです。ただし、この方法に効果があるのは、彼があなたをきちんと好きならば、という条件つきです。「私も忙しいから、あなたのことを忘れているよ」という姿勢があると、男性は彼女を思い出すのです。

しかし、彼に対して、意地悪にならないようにしてください。あなたは意地悪で彼に電話もメールもしていないわけではないのです。彼の時間を取りたくないし、あなた自身も自分の生き方や時間を大切にし始めたから彼にまとわりつかなくなっただけなのです。

一般的に、彼に何かを教えるのは、言葉ではだめです。行動を通して自分が言いたいことをきっちりと譲歩せずに伝えると、男性は動きます。

男性の面倒病、女性の相手を問い詰めたい病

別れるときに、はっきりどうして別れるのかを説明して、そしてありがとうを言いたくなる女性。それに対して、男性ははっきりしないままに距離を取ります。男性は「なんではっきりさせなければならないの。お互いに傷つくだけだし」と考えて、別れさえ言ってくれないこともあります。「いや、あなたを嫌いな訳ではないよ」と言いながら、自然消滅を狙い、メールも電話も来なくなったという体験をお持ちの女性もいるでしょう。

別れることをはっきりさせたくて、自分から別れを切り出す男性もいますが、それは「別れる、別れない」をはっきりさせるということです。女性の場合は、「どうして別れるか」を説明してほしいし、話し合いたいし、自分から別れを切り出した場合でも、「こうだからこうだからこう。私はそれに対してどう感じている」と理由と思いのたけをくどくどと説明したくなるかもしれませんが、男性は「うまくいかないから、別れよ

う」でおしまいです。

男性の心の中には、心の中を全部説明しても仕方がない、という思いがあります。心の中をすべて見つめるのは、傷を深くするだけだし、と思うとともに、面倒なことが起きるのは嫌だと感じています。よく男性が「自分の気持がわからないんだ」と言いだすことがありますが、あれは自分の気持を見つめる限界まできて、少し自分の気持から離れたい場合です。自分の気持を正直に言えば、相手の女性が感情的になるので、そのような面倒は起こしたくない、という本音もあります。

このように男性が自分の殻にこもると、ゆっくりとする時間が必要です。ゆっくりするといっても、女性のように家にこもって泣いたりする時間とは限りません。そういう場合もありますが、仕事や趣味に没頭することもあります。ある男性は、彼女に対する気持がわからなくなったときに、仕事の鬼になりました。

女性は「気持を大切にする」性ですので、男性が「わからない」と言うと、かなり困惑します。なんとか彼に彼自身の気持をわかってほしくて、焦りだします。「私のことをもう愛していないのかしら」と不安になると同時に、「きっと私のことを好きだけれども、言えない事情があるのね」と思う気持に交互になって、自分でも整理がつかなくなります。

でもいくら彼に彼自身の気持をわかって結論を出してほしいからと焦っても、「あなたはこういうふうに考えているんでしょう。ねえ、そうでしょう」と男性に言ってはだめです。そのようにされると、男性はすべてがちぐはぐな気がしてきます。自分の気持がはっきりしないことを申し訳なく思って、罪悪感を感じることもあります。罪悪感を感じると、女性に怒りだしたり、罪悪感を抱かせる女性に会いたくなくなることもあります。問い詰められて「うるさいなあ」と怒る場合もあれば、他の女性に逃げることで、楽になろうとする場合もあります。

「気持がわからない」という事態には、女性はどうしていいかわからずにかなり動揺します。しかし、彼の気持がはっきりして、彼から「別れる」と言われても、後々からどうにかならないか、ひょっとしてこれは何かの間違いなのではないかと考えようとしたりもします。

いずれにしろ、男性がわからないと言ったときには、時間をおくことです。あなたから彼の考えていることを先取りして解説をしないように注意してください。彼はそのように勝手に説明されると、「私を好きなはずよね、やっていけるはずよね」と、すべて自分の気持を否定されて強制されているような気持になります。自分の気持がわからないときに気持を問い詰められて、「どうするの、どうするの」とうるさく言われれば、一、二回はなんとか答えようとしてくれていても、「わからない」ということをわかってもらえないことで追い詰められてしまいます。自分の気持を無視されているようにも思えてくるので、その女性から逃げます。

「わからない」という状況に動揺しないでください。彼にとって、わからないということは、あなたとの時間を見直そうとしている時期です。結論はどうなるかわかりません。しかし「彼は私たちにとって一番よい選択をしてくれるはずだ」と信じて待ち、彼の出した結論を受け入れる勇気を持つようにしてください。

自分の気持がわからない男性たち

男性が女性よりも強い面は、方向感覚、全体像を見ることなどですが、自分の気持に目を向けることは、面倒くさいという男性が多いのです。女性に恋愛本が売れて、男性には恋愛本が売れない理由は、ここにあります。女性は、彼は何を考えていて、自分の気持がどうなっているか知りたいと望むからです。しかし男性は恋愛をしているときなら、いざ知らず、恋愛の本よりももっと実用的な本のほうを好むものです。恋愛の本でも、「彼女を落とす本」などのように、恋愛そのものよりも、たくさんの女性を落とすような本に人気が出ます。それは、男性にとっては、自分の気持を知ることよりも、社会での成功といった目に見えるもののほうが、はるかに魅力的なものだからです。どのような男性でも、彼なりの成功をしたいと考えていますし、ゲームが好きで、勝つことが好きで、チャレンジが好きです。恋愛でもゲームのような感覚や、彼女を得たい、勝ちたいといった動機が、若干、働いています。

ですから男性は恋愛で起こるさまざまな自分の気持さえ面倒くさいと感じます。

しかしそういった面倒くささを乗り越えて自分の愛情や気持にちゃんと向かえるときが、男性にもあります。大きな試練が来たときと、心から女性を愛したとき、そしてその女性を失いそうになったときが気持を見つめられるときなのです。

別れたら急に彼が追ってきてプロポーズをすることがありますが、それは、別れてみて彼女が必要なことが初めてわかったからです。

第 5 章

彼とうまくいかせる意外な方法

恋愛には必ず原因があって、
今の二人があります

一年ぐらいで別れてしまう本当の理由

恋愛が一年ぐらいで終わってしまう、その場合は原因を少し考えてみましょう。あなたから嫌いになるのでしょうか。そうであれば、原因はなんですか。いつも彼がだらしないとか、途中から問題を起こす、浮気をするなどであれば、あなたがそういう男性と関わっているのです。相手を選ぶ段階で、何か見落としていることはないか、考えてみましょう。これくらいの人でもしょうがないや、などと考えていたり、「ちょっと変なところがあるけど」つき合っていれば直るだろう、などと考えてはいませんでしたか。それから、何も原因がないのに自分から相手を嫌いになってしまうのであれば、彼の何が嫌なのかを考えてみましょう。なんらかの原因で、「自分を受け入れてくれない」というとても大きな怒りをいつも持っていると、相手を嫌いになることもあります。

恋愛の進み具合が早い場合も、恋愛が早く終わってしまうことがありますし、自分自身に問題があるために、同じようなタイプしか好きになれないという場合もあります。

心から愛されたいのであれば、あなたも心から愛する準備ができているかどうかを考えてみてください。

いつも相手に優しくしてほしい、面倒を見てほしいと求めすぎていて、自分自身がさまざまな面で成長しなければならないところはないでしょうか。人間として成長することを考えるならば、自分にとって一番よさそうな仕事や勉強をすることが大切です。

さて、問題は、いつでも彼から一年ぐらいで別れを告げられる場合です。相手から別れを言い出されるのであれば、かなりの確率で女性が恋愛を急ぎすぎていることが原因です。キスも自分からして、相手につき合っていると言わせた場合などがそういったケースです。しかも相手が自分を好きになる前にどんどん自分から誘った場合は、恋愛が長続きしないことがあります。

女性を取り替えてばかりいる男性の中には、飽きるとすぐに女性を替える男性もいます。このような男性も未熟で、忍耐を持って愛情を育てることができないので、そのような男性に対して、「私がなんとかしてみせる。私は彼にとって特別」とは思わないほうがいいのです。**正しい人を選ぶ、ゆっくり時間をかける、恋愛が始まっていないのに、自分から手を出して無理に落とさないことに注意をしてください。彼がもし本当にあな**

たを好きだったら、不思議なほど、自然に関係が進んでいくものなのです。無理に早く彼を落とそうとすると、彼に早く飽きられます。

何か変だと思うとき

彼の言っていること、やっていることが変だと感じる、そのようなことはありませんか。女性の勘は、非常に鋭いのです。けれども彼のことを信じたいので、さまざまな自分に有利な彼の言葉を考えながら、「きっと勘違いでしょう」と、気になったことを気にしないようにしています。しかしそういったことは、だいたい当たっています。女性は、この関係がうまくいっているかどうかはわかっているのです。彼がふと言った一言、ふとしたことで「あれ？」と感じることは、大概何かのしるしなのです。

恋愛相談でも、その関係がうまくいっていないことを告げると、多くの女性は「実は私もそのことをわかっていました。しかし認めたくなかったのです」と言います。その関係がどうなっているのかは、心の底で知っているのです。

ある女性は、彼が結婚のことも言ってくれるし、彼女のことも大切にしてくれるので二人の関係に満足していました。しかしときどき、「僕は別れても忘れられない人になりたい」などと言うことに非常に傷ついていました。「なぜ、そんなことを言うの」と聞くと、彼は慌てて「そんなの気にすることはないよ。二人はうまくいっているし、ずっとこのまま一緒にいるよ」と言いましたが、結局彼は結婚していたのを隠して彼女とつき合っていたのです。

また他の女性は、彼の友だちにも誰にも紹介されないことを変だと思っていました。このケースでも、彼は彼女を愛しておらず、別れることになりました。

変だなと思うことは、ふっと心を掠（かす）めるだけですから、そのときは気にしなくていいのです。問い詰めなくても、時間とともに何が変なのかはわかってくるものです。ですが彼のそういう行動は常に見逃さず、観察していてください。これは、恋愛の勘を高めます。

一度目の恋愛で駄目でも、「そういえばあのとき、こんな感じがあったな」ということを覚えていると、次には変な感じのない恋愛ができます。そういう恋愛は順調で、とても安心感があるものです。

押しかけ女房をすると、彼はなかなか結婚を言い出さなくなる

男性がなかなか結婚を言い出さなくて女性が焦る、ということがあります。

先日、会社を経営して海外を飛び回っているアメリカ人の男性と話をしました。その中で、「男性は結婚したくないものさ」と彼は言っていましたが、それは一理あります。男性が共通に持つ感覚です。

特に男性が、女性のすべてを知っていると感じている場合、二人の間が落ち着いてしまいます。すると、「このままでいいんじゃないの」と思い始めます。できちゃった結婚、これは男性がなかなか結婚を考えられずに、でも「本気で考えないと」という状況

になってしまったから結婚を決意した場合です。

女性は、親しくなれば結婚したほうが守られる気がするので、大概、一緒に住んでそろそろ結婚を考えてくれないか、などと考えます。しかしバランスの問題で、一緒に住んでいても彼女があまり彼をかまわなかったり、彼女は彼よりも仕事や生きがいのほうが大切で彼を放っておいている場合は、彼から結婚を切りだすこともあります。

アツアツのカップルでも、同棲をすると彼が結婚を言いださなくなることもあります。単純に年月だけで言うならば、同じカップルであれば、同棲をしたほうが彼から結婚を切りだすのに時間がかかってきます。彼が彼女をとても好きで、別々に暮らしている場合のほうが、彼は彼女を手に入れたいと思うからです。

愛情がしっかりとお互いの尊敬と尊重の上に成り立っていないままに、同棲をした場合は、男性は女性に飽きてしまうこともあります。これも面白い傾向です。

熱烈に男性が女性を好きになり、すぐに同棲を始めたケースでは、三か月で男性が飽きた、という場合もありました。**女性のほうは、同棲したらだんだん愛情が育つので、同棲はどちらかといえば、女性に不利なのかもしれません。**しかし、同棲して彼の癖がわかって、一緒にはやっていけないとわかる女性もいるようです。ただし、そのように一緒にやっていけないと考えることは、一緒に生活をしなくても相手の行動をよく観察しているとわかるものです。

彼が他の人に対して冷たい、急に機嫌が悪くなって他の人に怒鳴り散らすことを見てしまった、嫉妬深くていろいろなものを見たがる、家族に恨みがある、実際にすべてのプライバシーを見てしまうといったことがあれば、これは必ず結婚後も同じように起きてくる問題です。ですから、同棲して傷つくまでもなく、わかるのです。

愛する人と住むというアイディアは、時として、抗しがたいほど魅惑的であるかもしれません。しかし、将来のこと、彼とのことをよく考えてからにしなくてはなりません。

彼の気持を少しずつ好きに向かわせる

恋愛感情の深さは、最初に彼がどのくらいあなたを好きになったか、それから二人の間の障害と、愛情を育てるのにかかった時間、どのくらい彼がその恋愛に手をかけたかによって深さが変わってきます。

最初に彼がどのくらいあなたを好きだったかは、あとあとまでさまざまな面で出てきます。あなたからアプローチをした場合は、彼はなんだかあなたとの恋愛にのんびりしている、という感じを持つかもしれません。肉体関係を持ったころから情熱的になっても、一、二年ほどたったころから、なんだかのんびり屋さんなんだな、という感じになりますが、それはそれで、暖かい関係を築けるはずです。

あなたから好きになった場合は、アプローチをしてみて、効果のないものはすぐにやめたほうが無難です。この組み合わせで結婚まで行く場合は、その女性がしているアプローチに男性が乗ってくる感じがあります。彼はあなたがアプローチをしてくることで、楽をしていられて、まあいいかなあとふんわりと感じています。しかし自分から好きになったのではないために、女性からアプローチを繰り返し、なんでもすぐにやってしまうと、男性が急に消えて、連絡も取れなくなる、という場合もあります。そういったケースは、この組み合わせが多いのです。

過去に効果のあったアプローチでも、彼が引き気味であるならば繰り返してはなりま

せん。女性から好きになってアプローチをした場合、彼が冷めたときに前とおなじアプローチをすると逆効果になることがあります。

彼から彼女を好きになった場合でも、彼女のほうが彼を好きになって、彼が時間をかけたいと思っているのに、どんどんと恋愛を発展させると、彼のほうが引き気味になることがあります。

恋愛は、時間をかけたほうがうまくすすみます。深く愛されている女性の多くは、知らず知らずのうちに時間をかけてしまっているのです。例えば、彼の片思いの期間が長かったとか、留学をしていて彼にあまり会えなかった、自宅が厳しかったので門限が早かった、自分には好きな人がいて、彼に関心がなかった、などです。

彼とすぐに肉体関係を持たないようにという指示に従って、今までうまくいかなかった恋愛を成功させて結婚した女性が何組かいます。しかしその女性たちは、意外なことを経験しました。彼女たちが男性とすぐに関係を持つことを断ったことで、彼は彼女を信頼し、結婚を前提におつき合いしたいと言われたことです。

またある女性は、携帯番号を相手の男性にすぐに教えてすぐに恋愛関係に入っていましたが、なかなかうまくいきませんでした。彼女も、携帯番号を教えるまでに、時間をかけるようにしました。彼から聞かれるまで待ったのです。結果として、そのほうが今の彼から大切にされていると言います。

ごくまれに、あまり女性関係のない男性では、こちらからアプローチをしても彼女を大切にしてくれる場合もあります。しかしこの場合でも、急激に彼との距離を詰めると、「一人暮らしのほうが楽かも」と彼が考える場合もあります。

アプローチの方法が効果を出していないとき、彼とあなたとの関係では、そのアプローチは彼の心に響かないということです。何十回も効果のないアプローチを繰り返すよりも、時間をかけることがよい結果を生むこともあるのです。

男性が心を開かないとき

男性が心を開かないと悩む女性は多いものです。自分は心の中をすべて話しているつもりなのに、なんだかすべてを打ちあけてくれていない、相談しても彼は気持を言ってくれないと感じるときに、女性は「彼が心を開いてくれない」と悩みます。

彼が自分の気持を言ってくれないときに、女性には彼が遠のいているように感じます。彼があなたに気持が言えない場合の対処法は、つき合っているときか、あるいは結婚しているかによっても違ってきます。

もし、**おつき合いしている段階で彼が心を開かないのであれば、彼の心を、無理に聞き出そうとしないことです。彼は何か事情があって気持を上手に言えないのですから、無理に心を開かせようとしては駄目です。**女性がこのときに慌てるのは、「私は彼にとって一体なんだろう」ということです。実際、彼の気持が開かないのであれば、「今は心を開けない関係」ということなのですから、それを認めて暖かく見守るしかありません。

しかし**心の中を話さないことは、必ずしもあなたのことを愛していないわけではありません。**彼は今まで感じていることを話す家庭に育たなかったのかもしれません。それから女性が話さなければならないと感じていることでも、男性は「そのことは話さなくてもいいかな」と思っていることもあるのです。細々としたことを話す必要もないかな、と感じています。「このことは話さなくても、彼女は僕が愛していることをわかっているだろう」と思っていることもあります。だいたい、そういうことで彼が内緒にしていることというのは、彼が彼女の信頼を裏切るようなことではなく、言ったら彼女が心配するだろうと思うようなことなのです。

彼が考えていることを表現できないだけであるならば、そのまま放っておいてあげてください。他の面であなたに思いやりがあり、約束を守り、連絡が定期的に入っているのであれば、心配はありません。

あまり話さない男性の場合は、話さなくても、自分が楽にいられる女性を選ぶ傾向もあります。情緒が落ち着いていて、彼の気持のすべてを知らなくても大丈夫な女性です。彼にとってはその話さないという欠点を責められることは辛いこともあるのです。

時として、彼が気持を全部隠すという相談もあります。前に書いたように、問題がなんでもないようなことで、ただ彼がいつも自分の気持を話してくれないことが心配なだけならば、それほど悩まなくて大丈夫です。しかし、とても大切なことに関して彼が何も答えてくれず、そのことで女性も悩んでいる場合は、彼は真剣にあなたとつき合う準備ができていないこともあります。彼はまだ、将来をあなたと一緒に築こうという覚悟がありませんし、あるいは、奥さんがいたり、彼女がいたりするのかもしれません。

そういったとき、彼はさまざまな原因があって心が開けないと説明するかもしれません。元彼女や奥さんのことを乗り越えられていないからということもよくあります。しかしあなたが非常にそのことで苦しんでいるのに、それに関して答えが出ないのは、現段階では彼の愛情は充分とは言い切れません。男性がその女性と将来を築いていこうとするときには、彼は逃げたりしないからです。

男性が心を開かない、女性がそれに対して不安になり、男性に「なぜ、なぜ」と聞き出してから関係がおかしくなることもたくさんあります。そういったときは、何かがおかしいと気がついた女性の本心と、それに答えられない男性の本心がぶつかる時期に入ってしまったのです。本心同士はウソをつきません。だから表面で隠していることを超えて、ぶつかる時期があります。

ある女性は、彼が奥さんと別れたいというので、同棲を始めました。彼女はその男性が、自分とのことを奥さんに話してくれないので非常に不満に思っていました。奥さんのほうは、ご主人が彼女と住んでいたことをすでに知っていました。ですから、なんで彼が自分とのことをはっきりと奥さんに言ってくれないのだろう、と彼女は思い悩んだのです。

彼女は彼の前に座り、なぜ自分との関係を奥さんに話してくれないのか聞き出そうと粘りました。彼の気持を教えてほしいと、何か月も話し合いました。彼のほうは、自分でもなぜだかわからないけれども奥さんには話したくない気持が強かったので、さまざまな言い訳をしました。奥さんにそのようなことを伝えたら、奥さんは自殺するだろうとか、話す必要がないなどと彼女に話しました。

彼は、奥さんの元から離れましたが、まだ奥さんに対して、気持の整理がすべてできている訳ではありませんでした。彼女の本心はそのことに気がついていて、彼になんとか、奥さんに対する気持を整理してほしいと願っていたのです。何度もの激しいケンカのすえ、彼女は彼と別れました。

彼がどのような言い訳をしてくれても、何かが変だ、彼が心を閉じていると感じるときには、あなたに心を開ききるほどの関係ではないのかもしれません。ですから、その時期は無理に開こうとするのではなく、彼の今の状況をあなたが受け入れて、時間を待てるのかに、今のつき合いを続けていけるかどうかがかかってきます。

過去に他の女性と深くつき合った男性が、心を閉じている感じがするならば、彼と真剣につき合うのは慎重に進めたほうがよいのも同様の理由です。まだあなたを受け入れる充分な準備ができていないからです。

夫婦の場合には、彼の自尊心を傷つけてしまうと、彼は心を開かなくなります。おつき合いのときより二人が近くなるのですから、それだけさまざまな問題も出てくるのです。このとき、男性は気持を言わなくなりますし、何をしたいのかを打ち明けてくれなくなります。彼が遠くにいったような感じがするときです。

自尊心を傷つける言葉にはさまざまなものがありますが、大概は彼を非難し、批判する言葉が奥さんの口から出たことで、彼は心の壁を作ってしまっています。男性のプライドは高いので、自尊心を傷つけてしまってできた壁は大変に厚いのです。

彼の壁を打ち破るには、彼をそのまま受け入れることです。タバコを吸う癖があるのであれば、そのままにしておいてください。赤ちゃんがいるのであれば、吸う場所を限定してください。食事のマナーが悪くても、なんの問題があるでしょうか。強制しないほうが彼は協力的になってくれます。男性は強制すると、反対に意固地になって反抗することもあるからです。協力を仰いですんなりと彼が協力をしてくれるならば、彼はそのことは注意をされても傷つかないことだったのです。しかし、何度注意をしても改めない部分があるのであれば、そこは急には直せないから、今は受け入れてほしいと彼が願っているところなのです。

彼を受け入れたら、自尊心を傷つけるようなことを言わないでください。彼が不機嫌になる特定の言葉や状況があるのであれば、そこに何か、彼の自尊心を傷つけていることがあるかもしれません。自尊心の傷つく言葉はその人それぞれで、中には、「私がやっておいてあげるから」と奥さんが言う言葉に過敏に反応している男性もいました。「あなたがやってくれてうれしい」と、妻に自分の力を信じてほしかったからなのです。彼は奥さんから「私がやっておいてあげるから」と言われると、見下されているような感じがしたと言っていました。

彼を受け入れ、自尊心を傷つけることを言わず、また、彼が話すどのようなことも暖かく聞くことができるならば、彼の心の壁は消えてなくなります。

しかし、もし彼自身の性格に問題があり、何を話しても怒りっぽく暴力を振るうのであれば、そのような態度を受け入れてはなりません。それはこちら側が調整する範囲を超えているからです。

男性は、間違った行動も受け入れてくれて、自分の正義感や尊厳をも犠牲にする女性を、だんだんとぞんざいに扱うようになります。ひいては尊敬の念まで失ってその女性を愛することが難しくなり、罪悪感からまた彼女を傷つけるというように悪循環になります。基本的に男性を受け入れることは大切ですが、浮気や暴力、妻を傷つけるひどい言葉については、毅然とした態度で臨んでください。

どのような場合でも、「なんでそんなに不機嫌なの」「心を開いてよ」と直接言っても、男性は困惑してしまいます。もしそのように言って彼がすべてを話してくれる状況であるならば、彼は心を閉ざしている訳ではありません。彼は単に無口で話したがらなかっただけなのです。

彼が心を閉ざして遠くに感じるときには、あなたの態度を変えることで、彼の態度を和らげる方法が一番適切です。

大切なことがこんなに違う男と女

男女の関係では、本当は問題がないのに、問題があるように考えて悩んでいる女性もいます。それは、大切と考えていることが男女で違うからです。

男性はときどき、説明を省くことがあります。自分は悪いことをしていないのだから、言わないでおこうと判断するのです。

それが原因で、約束を破った、守らないということでケンカになることもあります。

男性が「今度、どこそこへ連れて行ってあげるよ」と言い、その日をあけておくように言ってくれると、女性はその日まであたかも時計が止まったようになります。ずっとその約束の日を覚えていて、どんな服を着て行こうかなどと楽しみに待っているものですから、男性から連絡が来ないと、今まで待っていた時間を無にされたようで、自分のことを大切にしてくれていないと感じます。

結局、その日は連絡がなくて、その怒りをぶつけると、彼とケンカになります。彼のほうは確約したつもりではなく、仕事が早く終われば一緒に行くつもりだったのです。

女性のほうは待っていたのですから、彼から一言連絡があって当然だと考えています。ですから、「彼は私を愛していないんじゃないかしら」と考えて、悲惨な気持になります。

男性は男性で、彼女を愛していることを伝えたいのですが、どうもその説明がうまくいきません。彼女に説明をしてもピントがずれていると怒られます。なぜ連絡の一本もできないの、女性の言い分は続きます。私は休みにどこかへ行けなかったことを怒っているのではない、どうして連絡をくれないの。

このようにまくし立てても、不思議なほど男性は変わりません。一生懸命努力をしてくれても、また忘れて、連絡を入れてくれなくなることもあります。

ですから、確実に約束をしていてその場に現われなかったというのでなければ、許してあげてください。彼女を愛しているから、どこかへ連れて行くつもりだったのに、行けなくなったことが情けなくて、言いづらくて言えなかったことだってあるのです。

しかしそうは言っても、彼があなたとの約束をしょっちゅう破り、連絡もなく待っている場所に何度も現われないのであれば、これはもちろん論外です。ですから、もしあなたの彼が、あなたの約束を全部忘れてしまうならば、彼とやっていけるかどうかについて、もう一度考えてみてください。

この約束については、メールや電話でも同じ傾向があります。男性から電話もメールも来ない、そして何度もあなたは「どうしてメールをくれないの、電話をくれないの。心配するじゃないの」と言いますが、彼はそれができません。しかし普段は定期的にデートをしているのであれば、大丈夫です。何もかも遠ざかったような気がするのであれば、それは彼の気持が冷めているからですが、他の面で彼が変わらないのであれば、「連絡をくれれば安心なのに」と言われても、すぐに頭から抜け出てしまう男性特有の癖なのです。女性には信じがたいことです。女性は説明したらできるようになると考えますが、男性は説明をされてもできないのです。「頭ではわかっているけれども」「なんとなく、話すこともないし」「彼女を喜ばせられないかも」と感じます。いくらあなたが、「小さな思いやりだけで満足なの」と言っても、彼は行動を変えられないのです。

さて、それでは彼が単に男性の癖で約束を忘れて、メールや電話を忘れたのか、あるいは彼の気持が冷めていてそうなっているのかを判断してみましょう。

彼と会う回数は変わらない、彼がデートに誘ってくれる、あなたが本気で怒ったときには、なんとかあなたの気持をなだめようと遠くからでもその日のうちに来てくれるか、メールや電話をくれる。

このような場合は一度、二度、メールや電話が来なかったり、予定のデートができなくても、彼はあなたを愛しています。ただ単に、電話もメールもデートもできなかったのです。

彼がデートをすっぽかした、連絡をとっても出てくれない、電話で説明してもうるさそうに聞いている場合。

彼は、故意にデートをすっぽかした可能性もあります。気をつけましょう。

いずれの場合も、言い訳は同じです。「大切にしているけれども、忙しかったから」と言うか、さまざまな理由を言います。ですから言葉ではなく、あなたが彼から優しさを感じるかどうか、そういった優しさがセックスなどのときだけや、あなたが怒りそうで面倒なことになりそうなときばかりではないか、確認してください。

さて、彼が愛してくれているとわかったら、彼が思いやりがないと悩むのをやめましょう。彼は思いやりがないのではなく、「思いやりを示す方法が違う」のです。あなたが「細かいことを全部説明して相手に心配をかけないことが思いやり」と思っているように、男性は「大きなことに目を向けて小さなことは説明しないで、心配させないのが思いやり」と思っているのです。そう感じているので、説明はわかるけれども心が伴わないのです。ですから、何度説明してもあなたが期待しているようにできないからといって、彼を責めないであげてください。彼はなぜ気持をわかってくれないのだろうとあなたが傷ついている間、彼もあなたに責められて、「どうしたらわかってもらえるかわからない」と傷ついているからです。

彼があなたの思ったとおりの思いやりを示してくれたときに、あなたが、「ありがとう」といつも言っていると、彼はだんだん、「なんだ、細かいこと言っても、面倒くさくないんだな」とわかってきます。**彼がデートに行けないと言ったときに、文句を言うと、彼はますますあなたに「行けない」と言えなくなりますので、彼になんでも話してほしいのなら、予定が変わっても快く受け入れてください。**理屈で「男性とはこうで、女性はこう。だからこうして」と説明しても彼は変わりません。**愛は、相手を受け入れて理解する忍耐力なのです。**

男の時計、女の時計

女性と男性では、流れている時間が違います。同じ時間でも過ごしている時間の感覚が違うのです。

男性と女性が一緒にいる、この時はともに時間が流れています。幸せな時間です。でも、時間が違ってくるのは、二人が離れているとき。女性の時間はいくつも平行して流れています。仕事をしていても、食事を取っていても、いつも彼のことが頭にあります。母親、父親になるとよくわかるのですが、父親が赤ちゃんと接するときは、母親が接する方法と違います。男性はたくさんのことが一度にできないからです。しかし母親は誰と話していても、赤ちゃんの声を聞いています。子供がどこにいて、何をしているかをわかっているのです。

男性は逆に、一つのことに集中します。男性に赤ちゃんを任せると、すべてを見ている、という感じではありません。男性が自分のことにかかりっきりになっていて、例えばテレビを見たりしていると、「なんで、子供をほっておくの！」というようなことをします。何かに集中してしまうと、オムツだって、ミルクだって、前もって換えたり与えることなんかは決してしません。ミルクビンが空になっていても、赤ちゃんが泣かない限り、くわえさせておくことでしょう。

男性だって赤ちゃんを愛しています。ですが、愛し方が違うのです。それに、流れている時間も違います。女性は赤ちゃんと自分の時間が同時に流れていますが、男性はテレビを見ているときはテレビの時間、そばにいる赤ちゃんが泣いたら、初めて赤ちゃんの時間が流れます。

女性はそのように、たくさんのことを一度にできる能力をもらいました。ですから、何かをしていても、彼のことを考えています。私が彼のことを考えている分だけ、彼も私のことで頭をいっぱいにしてほしい、そのように望んでいます。

男性だって、愛するあなたのことで頭がいっぱいです。しかし、分断されたように、ぽぽっぽっとあなたのことが浮かびます。女性はメールや電話がしたくなると、すぐに物事を中断して電話やメールをしますが、男性は時間を中断してそのようにできません。考えがうまくまとまらないし、用件もないのに、何を入れようか、と考えると面倒くさくなって、先延ばしにすることもあります。

男性の時間は細切れ状態、だからまとまってあなたのことを考えて処理する時間が来るまで、あなたのことをしてくれないかもしれません。でもあなたの時間がやってきたら、彼はあなたのことを考えるはずです。「私が彼のことをいつも考えているのに、なんで私のことを忘れるのかしら」と悩む女性だったら、そんな不公平をなくしたいことでしょう。方法は簡単です。あなたも彼を忘れる時間を作って、たくさんあなたの時間を作ることです。そうすると男性はあなたの時間になったときに、あなたがいないことに気がついて探してくれるのですから。

こもる男性、発散する女性

男性と女性には、問題を解決する方法にも大きな違いがあります。**女性は何か解決し**

なければならないときに、誰かに話をしないではいられません。このときにパートナーの男性に受け止めてもらうと、女性はとても安心します。しかし、男性も長くつき合っているうちには、気持にムラのあるときもありますから、女性の悩み事を受け止められないときもあります。すると、女性は非常に孤独になります。

一方で、**男性は、問題が大きくなればなるほど、話ができなくなります。大きな問題であれば、問題を解決できる情報を探し、アドバイスを聞きに行くことはあっても、女性のように「気持を全部話して楽になって解決方法を見つける」ということはあまりしません。**ですから、男性が何か問題を抱えているときに、女性がいろいろと口をはさんでくると、なんだか自分が叱られているような不快な気持になります。「うるさいなあ」と感じてしまうのです。せっかく自分自身にこもって解決しようとしているのに、なんで引き出そうとするのだろうと感じます。

一人にこもりたいときには、何か趣味に没頭するとか、一人で出かけたがることもあります。しかし彼が一人になって元気を取り戻すと、放っておいただけ、彼はあなたをかまいだします。

男性がとても年上で、女性のこのおしゃべりを受け止めてくれる場合もうまくいきますし、女性のほうが男性を受け止めて、彼がこもっているときにそっとしておいてあげても、二人の関係はうまくいきます。

いつもはパートナーとして助けてくれている彼も、大きな問題があって一人になりたいときは、あなたの助けが必要です。うまくいく関係では、もちろん異性としてのロマンチックな気持も大切ですが、時としてはあなたがお母さんになり、見守らなければならないときもあります。妹になって甘えてよいときもあれば、姉になって助けるときもあるのです。彼を一人にしてあげてください。**あなたがうるさく言わず、彼を暖かく見守っていれば、彼には戻る場所があなただとわかってくるはずです。**

うまくいく遠距離恋愛、うまくいかない遠距離恋愛

心から愛し合う男女が遠距離になっても、二人の気持がしっかりしていれば遠距離で

あることを乗り越えられます。彼がいつも連絡を入れてくれて、あなたのことを大切に思ってくれていることがわかるのであれば、遠距離でも安心していられるでしょう。

遠距離でうまくいかなくなる場合には、兆候があります。彼から電話が減った、メールも減った、彼があまり会うことに熱心でなくなったならば、少し様子を見たほうがいいでしょう。遠距離になる前に、どのくらい彼とあなたの気持が強い絆になっていたかが試される時期です。遠距離で駄目になる場合は、やはり絆ができあがっていなかったのですから、次の恋愛を探さなければなりません。

遠距離恋愛の相手が、就職活動をしなければならないなど、ちょうど人生の転換期を迎えたならば、しばらくの間、彼はそちらにかかりっきりになることもあります。それは遠距離恋愛が乗り越えなければならないものだと考えてください。相手に他の誰かができたというのではあきらめるしか仕方がありませんが、彼が忙しくなった時期に、「私に愛情を示してくれ」と迫って駄目になってしまう関係もあります。「彼女とはやっていきたいと思ったけれども、今すぐにと言われると、できないと答える以外なかったのです」という男性だってたくさんいるのです。ですから人生の転換期をはさんでいる遠距離恋愛は、彼の言葉を信じて待つことも大切であることを理解していてください。

問題が多いのは、最初から遠距離で始まった恋愛です。特に国際間の恋愛では、ゆっくり育てないものは、うまくいきません。また、相手がゆっくり育てようとしないのであれば、彼は単にあなたと寝たいだけなのかもしれません。

外国の男性との間で多いのは、メールで始まった関係のトラブルです。もしメールで関係を始めて結婚までいきたいのであれば、しっかりと肝に銘じなければならないことがあります。以下に問題の多いカップルの例、結婚まで行きついた例をあげます。

外国人とのメールのやり取りで、長つづきしない例

◎ 写真を見ずに始まった例

写真を見ずにあなたを好きだと言ってきた場合は、大概、真剣ではありません。男性は視覚を大切にするからです。それは必ずしも見た目の美しさが重要だということではなく、見た感じから出る生き方や雰囲気がタイプだということです。この傾向は、西洋人のほうが高いようです。

たくさんの出会いのなかから、運命の人は現われます。ですからメールのやり取り

だけで始まり、実際に会ってから運命的な恋を感じるだろうと考えていると、そのような恋愛はうまくいきません。実際の出会いの中でたくさんの人々と会って、その中に運命の人がいるように、メールで出会う場合も、同じなのです。一人の人に最初から比重をかけると、利用されたり、彼がいなくなったり、ただの友だちとしか思われなかったという例も多いのです。

◎メールですぐに相談をしてしまった例

男性は相手の気持を引こうとすると、すぐに人生相談を始めます。女性は相談にのってあげると心を開くということを知っているからです。そのような親切な男性の中には、七〇代の方もいました。彼はメールで擬似恋愛をしたかったのです。また相談するときは、冷静さが大切です。「彼に心をすべて打ちあけた。素晴らしい関係になった」と思っても、相手はあなたのメールを見ながら、「この女性もみんなと同じだな」と感じていることもあるからです。

◎すぐに好きだと言ってくれたけれども、すぐにメールの数が減ったこの例も少なくありません。メールですべての人が真剣な恋人を探しているわけではないからです。人生をともにするパートナーではなく、気軽な恋人を求めていることも多いからです。

◎ 会いたいのですぐにこちらに来てください、あなたのことが気に入りました、家に泊めます、という例

この男性の場合、すぐに電話がかかってきて、女性が安心する傾向があるのも特徴ですが、真剣につき合う気はありません。もちろん、ガールフレンドにはなれます。何人かのうちの一人ですが。

◎ 結婚をしたい、すぐにしたい、というメールが来た

アメリカの場合、こういうメールが来ることがあります。一〇〇パーセント、ろくでもない、今まで女性に相手にされてこなかった男性ばかりです！

以上のことを読んで、あたりまえだと考えられるかもしれません。しかし、同じ男性

がたくさんの日本人女性をだましていて、彼女たちがみな、自分は彼の恋人だと信じていたこともあったのです。彼はすぐに泊まりにおいで、あなたのことが好きだからと言いました。本当に彼がそれほどあなたを好きならば、彼から会いに来たっていいはずです。でも彼は「忙しい」し、「手が離せない」から、いつも女性を呼び出します。

遠距離恋愛で結婚した例

◎最初は友人として普通にメールをしていた。ごく一般的な会話から始まった。女性にはボーイフレンドがいたし、冷静にメールを書くことができた。彼が会いに来てくれて、それから彼のメールが多くなり、結婚した。

◎仕事の知り合いで最初はなんとも思っていなかったけれども、彼から頻繁にメールが来るようになった。そのうちにだんだんと仲がよくなり、結婚まで至った。

◎彼からメールが来て、何度か彼から会いに来てくれた。いろんなところを案内してあげて、彼が好きだと告白してくれた。私も彼のところへ行き、彼の大学卒業と同時に結婚した。

◎ 趣味の出会いの場で知り合った。趣味のことで話が合い、会ってみると予想外にいい人で、その後、結婚した。

◎ 最初からいい人だな、とは思ったけれども、遠くなので結婚するとは考えていなかった。あちらの文化のことを知りたくて、メールのやり取りをしていた。そのうちにメールでなんでも話せる親友になった。二年後に会うことになり、それから恋愛感情が芽生えて結婚した。

ここで不思議な傾向に気がつきませんか？ **メールの場合は最初から相手を恋愛対象としてみていて盛り上がっているよりも、ゆっくりのほうがよいのです。**女性がロマンチックなメールを書くと、男性は肉体関係まで持ち込もう、あるいは、飛行機に乗って行き来のできるロマンチックな友人になりたいと思ってしまうようです。

そのようなメールで性急に築いた恋愛は、いずれ時期が来ると、「あれ、私は真剣なのに、彼は一体どういうつもりなんだろう」という焦りが出てきます。そしてケンカや争いが多くなります。なんだか彼の煮え切らない態度にいらいらするのです。そのように言い争いやケンカが多くなるのは、初めの一歩が間違っているのかもしれません。

本気で国際結婚を考えるのであれば、その国に行くか、日本で外国人の方と出会うほうが確実です。メールでの場合、最初の動機からして、「海外にガールフレンドがいてもいいかな」ぐらいに考えているのかもしれないからです。もし一〇〇人と会って、一人の人と馬が合うのであれば、メールでも同じです。その中の何人かに会い、本当に好きになれる相手かどうか考えてください。遠距離であればあるほど、ゆっくりと進めたほうがよいのはそのためです。

遠距離の恋愛で、メールで始まり、会った当日に寝てしまった関係は長続きすることが難しい傾向にあることも、心に留めておいてください。二年もあっちに行ったりこっちに来たりしながら仲良くやっていたつもりなのに、相手に奥さんがいた例もあったのです。彼の国を訪問したときにはいつも肉体関係を持っていたのに、彼にはフィアンセがいて、本当は愛していないと告白されたという例もあります。連絡が来なくなった例もありました。しっかりと相手を尊重する気持ができる前に肉体関係を持つと、肉体に飽きてしまうのと同時に連絡を取らなくなる場合もあります。

遠距離恋愛のこつは、普通の恋愛よりも冷静になるということです。メールで優しくされれば、すぐに運命の人が手に入るかのように錯覚する要素が大きいのですが、冷静にきちんとメールできる女性かどうかは相手に伝わっているのです。冷静に楽しく暖かくメールをしていると、「この女性はちょっと違うな」と尊重されます。またそのような落ち着きは、魅力の一つになります。

この言葉を言わせると修復ができなくなる

別れた彼と復活できるかどうか、それは実際に彼と何を築いていたのかということと、別れるまでの過程にどのようなことがあったかにかかっています。

関係がうまくいかなくなったとき、最初は話し合いをしようとしていた男性も、だんだんと女性と距離を取ろうとします。話し合いをしようとせずに急に距離を取りたがる場合は、あなたに対する気持があまり深くない場合です。すぐに駄目になる関係では、多くの場合、女性が積極的に愛情を告白して関係を急いで築いてきたか、急につき合いだして頻繁に会っている時期がある、などの特徴があります。しかしたいていは、彼と彼女が話し合いをして、うまくいかないと彼が距離を取るようになります。

彼が女性と距離をおこうとすると、女性はとても焦ります。「自分の何が悪かったのだろう」と何度も謝ってみたり、電話をかけたりメールをしたりします。

このときに男性が言い出すのは、「混乱している」「距離をおきたい」「しばらく考えたい」という言葉です。この言葉が出たら、時間をあげることが一番の解決になります。しかしそれでも彼にメールや電話をして追い詰めると、彼は「あなたが怖い」と言い出します。この言葉を言わせるまで追い詰めた場合は、彼はあなたを嫌うようになってしまいます。**もしあなたが言いたいことをぶちまけて、こんな男性とは別れようと思うのでなければ、ここまで追い詰めないでください。大変に修復が難しくなります。**

持に、最初から彼女のほうが熱心になって彼を手に入れた場合では、同じように自分から働きかけないと関係が駄目になると、女性が焦ることがほとんどなのです。そのため、相手が距離を取っているのに、連絡をどんどん入れることがあります。しかし覚えておいてほしいのは、一時期うまくいったことでも、関係が変わると、かえってしてはいけないことになる時期があるということです。

しかし駄目になる関係というものは、いずれにしろ最初から無理なところがあるのです。ですからなるべく早く他のよい男性を探したほうが得です。別れたときに「何が二人の関係で合わないところだったのか」を学んでいる女性は、次にもっとよい男性から愛される傾向にあります。

時間をおいて彼が帰ってくるかどうかは、たいていどのようにこの恋愛が始まったかに関係しています。彼がその女性を本当に好きな期間があったのか、それとも女性のほうが熱心になって追いかけて彼を手に入れたのかによっても、違ってきます。傾向としては、**彼が彼女をとても好きな期間があり、彼女は一時的に彼を追い詰めたけれどもすぐにそれをやめて彼を自由にした場合では、彼女の態度を変えると修復することもあります。しかし、彼が好きになる前に彼女が好きになって、しかも彼を追い詰めてしまった関係では、修復は難しいのです。**

別れる原因によっても、修復するかどうかは変わってきます。彼とあなたとのつき合いが長すぎたために、二人とも相手が自分にふさわしいのかどうかがわからなくなることがあります。**別れるときに大きなケンカや理由がなく、二人の関係が友情で繋がっていて、まだ双方に好きな人ができていない場合は、復活することもあります。**しかし、彼と彼女がどのような原因で別れたのかを理解して解決していないと、同じ問題が起きてきます。一番理想的なのは、双方が距離をおいたことでお互いの大切さがわかり、これからは二人の関係を大事にしようと決心することです。

長いおつき合いで同棲していて、相手から別れを切り出された場合、あなたがすがりついてしまうと修復はかなり難しくなります。この場合は、どうしても相手にあなたと争ったときの記憶が残っているし、一緒に住んでいたので彼女のすべてのことを知っているのですから、もう一緒にいたいという気持がなくなるのです。**彼に時間を与えることが一番の方法です。相手から帰る気持にならなければ、あなたが何を働きかけたところで、彼の心に響かないからです。**

夫婦では、双方にそれなりの情があるので、ご主人が家を出た場合でも、日常生活で二人が暖かく暮らしていた時期があり、奥さんが大騒ぎをせず、しかも周りの人々に相談をしていなければ、帰ってくることがあります。

しかし会社や近所の人々に相談をしていると、彼のプライドを非常に傷つけ、帰れなくなってしまいます。周りのすべての人が、ご主人が出て行ったことを知っていたために帰るに帰れず離婚をしたというカップルもいました。ですから、苦しい時期に、誰に何を相談するかは非常に重要です。

いずれにしろ、**別れるまでに大騒ぎをせずにいたかどうかが修復の鍵になります。**それから奥さんが日ごろご主人に辛く当たっていたのであれば、態度を改めるようにしてください。彼に奥さんが変わったことが伝われば、夫婦は一心同体の面があるので、奥さんが変わると同じようにご主人が変わることもあります。

ご主人が浮気して奥さんも浮気をしているなど、双方が傷つけ合っていて、しかもこれが初めてではない場合は、難しい面があります。ですから、一回目の問題が出たときに、双方の意見のくい違いをよく理解し、解決しておく必要があります。

短いつき合いであれば、彼が本当にあなたを愛していたかどうかを知る必要があります。もし彼があなたを好きではあっても愛していなかったのであれば、そこからやり直さなければならなくなりますが、彼がもう二人でやっていくことは嫌だといえば、それはどうしようもありません。あなたには他にぴったりの人がいるのだと信じてください。**失恋の痛手を乗り越えると、必ず他の人に出会うための学びがあるからです。今は気がつかなくても、必ず彼以上の人が現われると信じてください。**

具体的な修復の方法

あなたから別れを言い出したのであれば、電話で一言、「元気？」と告げてください。彼がもしあなたとやり直したいのであれば、なんらかの連絡が来ます。もしあなたが、別れるときに他の男性のところに走ったとか、彼のプライドを傷つけてしまったのであれば、彼はやけになっていて、あなたに連絡を取らないこともあります。プライドを傷つけられた彼は、もうあなたとやっていけない、修復不可能であると判断するからです。

彼との関係が泥沼化しているのであれば、ただ、彼に時間をあげてください。あなた

と彼がもめた記憶がなくなるまで、どうしても彼はあなたと会いたくはないのです。ですから、彼をそっとしておいてあげてください。

彼のプライドを傷つけてあなたから別れを告げたのならば、一度だけ真心から謝ってみてください。しかしこれは彼を取り戻そうという気持ばかりではなく、本当に悪かったと反省している気持がなくてはなりません。自分のどういう点は反省しているのか、どういったことを変えるつもりなのかを考えてみてください。

一度だけ謝る理由は、何度も同じことをくどくどと言っていると、相手があなたの話を聞くことに飽きてくるからです。謝るほうは、次々と謝る内容が出てきます。「あ、これも言い忘れた。彼と暮らしていて楽しかったことも伝えよう」と、まるで泉のように湧いてくるのですが、聞くほうにすると、「関係を戻してほしい」というメッセージにしか聞こえなくて負担なのです。

彼との間を修復するかどうかは、最終的には彼の自由意志を尊重しなければなりません。彼と話せば話すほど感情的になる間は彼と会ってはいけません。もし例外があるとすれば、双方をよく知る仲介役がいるときには話し合いをしてもいいのですが、時間をおくのにくらべて、あまり効果的ではありません。

時間を取る間、自分磨きをしましょう。理想的に言えば、彼のことにこだわるよりも、自分を磨いているときに偶然彼と再会するほうが、印象はよいようです。この偶然はあなどれません。本当に必要な人というのは、会うことができます。ですから彼のことはいったん忘れて自分磨きをするように努めてください。

自分磨きをしていると、「私は変わったから見てほしい」と彼に会って見せたい誘惑に駆られるはずです。しかし「私は変わったから見てほしい」と考えているうちは、変わってはいないのです。

彼から別れを切り出された場合は、非常に微妙です。彼には決心があったはずですし、本来であれば彼からの連絡を待ったほうがよいのです。

あなたは自分磨きに徹してください。そしてその間も、「こうなれば彼は好きになってくれるんじゃないか」といちいちメールや手紙を出したり、会いに行かないことです。苦しいでしょうが、あなたが会いに行けば行くほど、彼になんとかしてほしいという気持が湧いてくるはずです。**あなたと彼が運命の人であれば必ず結ばれます。あなたと彼と接点がなくなるのであれば、もともと、彼はあなたにとって、必要な人ではなかったのです。**気持が収まるまで自分を磨いていると、将来が見えてきます。服装を整え、イメージチェンジを図ってください。くれぐれもすぐに彼に認めてもらおうと思わないことです。

いずれにしろ、いろいろと策を練ってもあなたが彼に対して押し付けがましいときはうまくいきません。ですから、復活したいと思うのであれば自分の気持を収めて、自分自身を磨くことが一番の課題です。

ちゃんと原因を見つめられる勇気

女性は恋愛で何かうまくいかないことがあると、「自分の方法がまずかったのではないか、だからそれを変えればこの恋愛はうまくいくはずだ」と、自分がしたことの中に原因を考えようとする傾向があります。

そして、「親切にすれば彼は帰ってくるのではないか」とか、「彼はこんなことで怒っているのではないか。「もう一度、ここからやり直そう」と自分を変えて、彼とやり直そうとするのです。

女性は優しいのですね。相手の男性に明らかに非があるのでなければ、自分の中に原因を探そうとします。きっとそれさえ変えればうまくいくはずだから、と考えるのです。時として、相手が自分の弱さから浮気をしたようなときでも、「私がもっと変われば、彼は変わってくれるかも」とあくまで自分を変えようとします。

けれども、親切にしたら彼を取り戻せる、親切にしたら相手がもっと自分を好きになってくれる、と思うときは、大概、大切なことを見落としているのです。

ある女性は、彼が全然アプローチをしてきてくれない、と悩んでいました。「彼は私に好意を持っているのに、いつもアプローチをするのは私のほう。連絡を入れると本当にうれしそうで、連絡を入れないと悲しそうなので、メールを入れています。悲しそうな顔をしているときには励ますようにしています」

彼女は暖かく、優しく、素晴らしい女性でしたが、結局のところ、彼には彼女への恋愛感情はなかったのです。彼女からメールをもらうと丁寧に返事をしましたが、「彼女は僕に好意を持ってくれている。悪いな」と感じていたので対応が変になったのです。

恋愛は双方に気持があると、スムーズに進みます。結婚した人々が、「なんだか背中を押されるようだった」というのは、このことなのです。好きな人からメールや電話をもらえば、うれしいものです。きっと、あなたなら応えるはずです。彼だってそうです。あなたから好意を示しているのだから、彼に気持があればそれには応えてくるはずなのです。

恋愛で、進み方がなんだかゆっくりで、思うようにいかない、うまくいかないというのは、彼にはまだあなたへ対する気持が育っていないのかもしれません。女性、男性、双方とも好意を持っていると、前に前に進んでいきます。お互いに慎重で、軽々しく肉体関係を持たないのはよいことですが、恋愛そのものの進み方が極端に遅いのであれば、好意は持ってくれていても、それは人間として、友人としての好意ということもあるのです。

こういった原因の読み間違いは、つき合っている男女の中でもあることなのです。彼の態度がおかしくなると、自分の中に原因を探そうとします。それから、自分が彼を得るときに使ったアプローチの方法を取って、彼の気持を取り戻そうとします。親切にしたり、優しくしたりし始めるのです。

「私がもっと親切にしてあげなくちゃ」「私から声をかけないと、彼は恥ずかしがっているから」「この間、つんつんしていたから、それでメールをくれないのかな。ちょっと親切にしてみようかな」と考えているときは、それは原因が違います。そのように考えて一回親切にしたり、優しくしたりなど実際に行動してみて、彼の態度が変わらないようであれば、その親切は自分の思い込みの親切であるかもしれません。今までの恋愛を考えてみてください。同じような状況になったことはありませんか。**同じような状況に何度もなるのであれば、原因が必ず他にあります。それは、相手の気持ちを読み間違えているのです。**

時間に任せる、というと、積極的ではないようですが、恋愛ではその勇気も必要です。自分からすべてをやっているときには、どこかで無理な恋愛をしているからです。

結婚したカップルで「私から攻め落としたの」と奥さんが言っていても、よく聞いてみると、旦那さんも奥さんのことを嫌いではないのです。どこか心の奥底で好きな気持があって、奥さんがアプローチをくれたときに、少しずつですが応えています。彼はてれて「俺は全然彼女のことを好きではなかった」と言うことがありますが、どこかに「この女性とやっていこう」と決心する何かがあったのです。

ですから、ちょっとうまくいっている彼となかなか進展がなくて、「私に好意を持ってくれているはずだったのに、私が親切にしなかったから、前のようにアプローチがなくなった」というのは、どこかが間違っています。

おつき合いをしている男女がうまくいかなくなると、女性は自分を変えてなんとかこの関係をうまくいかせようとし始めます。「私が親切にして、彼とうまくいかせよう」と考えるとき、二人の不和の原因は他にあるのです。**もしあなたに原因があって、彼を怒らせたなど明らかなものがあるのであれば、それを取り除けばすぐにうまくいくはずです。これもしないと、あれもしないと、私が親切にして彼とうまくいくようにしよう、と考えているときは、それが原因で彼が離れたのではありません。彼とあなたとの間でしっくり来なかった原因が他にあります。**それをカウンセリングで指摘すると、すべてが順調に流れ出します。原因をきちんと見る目があれば、二人の間はうまくいきます。

熱烈に男性が女性を求めるときの二つの理由

熱烈に彼があなたを求めてくれる瞬間、うれしい瞬間ですね。あなたのことをいつも見つめていて、いつも注意を払ってくれている。言った言葉や好きなものを覚えてくれていて、だんだん、あなたも彼に心を開いていきます。うれしい瞬間です。

しかし、男性が女性を熱心に求めるときには、二つの理由があるのを、知っていましたか。

一つ目の理由は、あなたに恋をしているときです。あなたの会話を一言ももらさずに聞いてくれて、彼があなたを追いかけ回してくれているような気がします。あなたも彼を好きになってくると、彼の気持がとてもうれしくて、自由でのびのびできる感じです。それならば、心配はいりません。

さて、もう一つの理由、それは、彼が悲しいときです。男性は傷ついているときに、一時的に女性を求めるときがあります。そのときも、まるで恋に陥ったかのような感じです。彼女を追い求めるので、女性としては大変にうれしいのです。このときの男性の特徴は、慎重にならない、ということです。恋した男性は積極的です。でもそれとも違って、もっと積極的です。なぜなら、何も失う心配がないからです。この人に嫌われたら、という気持がありません。それよりも、心が傷ついているから、「この人が好き」、と思い込んで猪突猛進に、甘い言葉や、積極的なアプローチをしてくれます。

そのときに女性がその男性に恋をすると、後が大変です。なぜ、急に彼が変わってしまったのかわからない、というようなことになります。もともと、傷があるから求めた女性なので、結婚の話が出ると、途端に腰が引けます。いつか彼女のことを真剣に愛せなくなるときが来るからです。もちろん、その女性は彼の好きなタイプで、好意があるのは間違いありません。でも結婚に行き着かない場合も多くあるのです。

普通、恋愛では真剣に厳選する時期があります。この人と結婚したい、という理由には、それなりの愛情の深さがあります。しかし傷ついたときに求める女性は、その女性と生涯をともに生きようというのではなく、心の飢えを満たしたいという動機で求めています。ですから、根本的に、彼の本能が慎重に厳選した相手とは違うのです。

心の傷があって女性を求めるときには、性的な欲求も高いので、女性は一時的にとても満足感を得ます。彼がとても愛してくれているという確信を持てるからです。しかし、急に煮え切らなくなったり、急に態度が変わってきたり、さまざまな問題が起きてきます。

ですから、離婚したすぐあと、あるいは彼女がいて別れたすぐ後につき合う男性であれば、きちんと彼を見てください。それから、「私が慰めてあげる」と彼とつき合うのであれば、彼から思うような愛情を得られない場合もあることを覚悟しておいてください。女性が悲しんでいる男性を慰めてあげるというつき合いを始めると、彼を慰める関係はずっと続きます。彼はなかなか、本来持っている男性らしさを彼女の前で出せなくなりますし、彼が彼女を大切にしてくれるということがなくなり、女性は不安や不満を抱える場合もあります。

心から恋をしてくれた場合は、彼といて、安心感があります。彼と一緒にいるときは、この人はここにいる、と感じられます。しかし心の傷や飢えから女性を求めた男性の場合、ときどき、ぼーっとしているときがあります。このぼーっとしている、というのは、何も彼がのんびりした性格ということではありません。彼がときどき、「あれ、どこ見てるの。何考えてるの」というふうに、遠くに見えることがあるのです。

あなたは誰かの代理にならないでください。言葉ではなく、彼の行いをよく見ることです。彼が少しでもあなたを「誰かの代理にしている」と感じることがあれば、それはおそらく当たっています。彼が乗り越えるべき問題は、彼の問題です。彼があなたを本当に愛するのであれば、彼は自分で問題を解決して、あなたのところへやってきてくれるはずです。

もう一つ、彼が詐欺師の場合も、彼は情熱的にあなたを愛するふりをします。その場合は、彼は「話せない心配事があるんだ」「あなたにお金を出させるなんて」と言いながら、あなたからお金を出させます。お金は絶対出さないように！　これは論外です。

運命の出会いをするために

運命を作り出すことはできるのです。
しかしそれには、今見えないことを
見出さなければなりません

あげまんになる方法

ラッキーずくめな男性がいました。幸運は、彼が結婚してから始まりました。仕事では引き抜きにつぐ引き抜きで、どんどんお給料が上がっていきました。社会的にも認められ、順風満帆の追い風に乗っていました。

けれども、奥さんとの関係がうまくいかなくなったころから、仕事でもうまくいかなくなりました。リストラにあい、今まで順調だったすべてのことがうまくいかなくなりました。

すべてがうまくいっていたとき、その男性と奥さんはとても信頼し合っている夫婦でした。ご主人は奥さんのことを心から信じていました。奥さんもご主人のことを信頼していて、彼の能力を誰よりも高く評価していましたし、彼の人間性も信じていました。信頼が絆になっていたときに、彼女が誉めてくれる言葉を、彼はそのまま信じることができました。

愛し合うことで二人の力が何倍にもなるというのは、このことなのです。相手を心から信じていると、相手の言う言葉が、相手が信じてくれる理想の自分の姿が、そのまま信じられるのです。

奥さんのほうもそうでした。「価値のある素晴らしい彼が愛してくれる私」だからこそ、彼女の力も何倍にもなっていたのです。

しかし、ご主人が浮気をしてから、様相は一変しました。彼は彼女が自分を信じてくれていないように感じました。何か誉めてくれても、本気ではないような感じがする、そのように感じてしまったのです。それは、浮気をしてばれてしまったころからもっと顕著になりました。彼女がどのように彼をサポートしようとしても、彼は彼女が自分をさげすんでいるはずだ、という気持をぬぐいさることができませんでした。

あげまんになるには、信頼の絆で結ばれていなければなりません。もしあなたが彼のことを心から素晴らしい男性だと信じていても、彼がそれを信じられなければ、彼は変わることがありません。

男性が一人の女性を心から愛すると、彼は彼女にふさわしくなりたいと気高い望みを持つようになります。いつか恋愛感情が落ち着いてきたときに残るものは、二人の信頼関係です。ロマンチックな気分になることは、二人の努力次第でいつでもできます。心から愛し合う夫婦になることができます。しかし、信頼関係が崩れると、相手を失ってはならないという執着や憎しみで二人が結びつくようになってしまうのです。

あげまんになる一番の条件は、相手から信頼されているということです。あなたは彼にうそをつかないはずだ、と彼から信じられていなければならないのです。ですから、信頼に足りる女性であるようにしてください。さまざまな人の悪口を彼の前で言ってはいませんか。そのようにしていると、二人がもめたときに、あなたが彼の悪口も言っているのではないかと疑われるようになります。他の人からも信頼される生活を送っているでしょうか。

彼から信頼を受け、あなたが心から彼の能力を高く評価し、彼にしかないよい点をいつも心に留めて生活をするならば、あなたは彼にとって最高のあげまんになることができます。最高のあげまんを彼が手放すことはないのです。

恋愛事始　彼の心を捕まえて離さない

彼があなたを愛するようになるには、いくつかの要素が必要です。

まず、見た感じが彼の好みであること。男性の好みを知るには、たくさんの人と話してください。それぞれ、違う「きれい基準」を持っていることがわかるはずです。男性同士がきれいな女性のことを話しているときでも、他の男性は「えー。あんなのがいいの」と声をあげるか、心の中でそのように考えています。

これは女性と違う感覚です。女性にも好みがありますが、ハンサムはハンサム、その上で好みがありますが、**男性は自分がきれいだと思う人が一般的にもきれいなのだろうと考えています。しかしそれは、かなり皆、ばらばらです。男性はもともとの好みを持っていて、それは生涯、あまり変わらないものです。**

もし変わるとしたら、それは男性が結婚した場合です。奥さんが理想の女性ならば、その後はさまざまなタイプを受け入れられるようになることもあるからです。しかし大概は、一生、「こんな人がきれい」という感覚は変わりません。

ですから、**あなたが彼の好きなタイプであるということは、非常に有利です。世の中のどんな基準でもなく、彼にはあなたがかわいらしく、愛らしく映っているからです。**

そうは言っても、「この人は顔はいまいちなんだけど、大好きなんだ」と男性が感じることもあります。それは、彼が今までにされたことのないことをされたからです。

ある美容師の男性は、大変人目を引くハンサムで、仕事中にもさまざまな女性から声をかけられていました。しかしある女性は全く彼を無視していました。髪の毛を切りには来てくれるものの、彼にちょっかいを出しません。彼は彼女が気になってしかたがなかったと言います。彼は彼女と恋に落ちました。

知り合いのアメリカ人で、モデルの男性も同じことを言っていました。相手からいつもかまわれている男性ほど、自分をかまってくれない人が好きになります。そして自分から追いかける女性でないと、関心がない場合もあります。

ただし、無視をすればいいというものではないのはおわかりいただけると思います。彼を「ただの人」として扱えるということが大切なことで、ぞんざいで乱暴な態度がいいということではないのです。

また、ある男性は、演劇のときに、メーキャップをしてくれた女性を好きになりました。今まで自分の顔に顔を近づけてくれた女性がいなかったからです。仕事とはいえ、彼女が急接近をしてくれたので、好きになりました。

電話で恋をして、その後彼女を追いかけ回した男性もいました。彼の場合は、その仕事先の女性が、彼の能力を非常に高く買ってくれたので、好意を持つようになりました。彼は、彼女が自分の能力を評価してくれることに感銘を受けました。今まで、そのようなことがなかったからです。

自然な形で、今までになかったことをされたとき、人はとても強い印象を受けます。男性であれば、そういった印象を与えた女性のことが気になり始めます。

初恋が男性にとって思い出に残るのは、最初に「誰にもなかった印象」を与えてくれるからです。恋愛をすればするほど、「初めてではない体験」が増えてきて、心に残りにくくなります。

しかし、不思議なことに、肉体関係で初めてのことは印象に残りにくいのです。恋愛相談で「こんなに楽しいセックスは初めてだと彼は言ってくれました」とか、「妻にはない感動を味わった」と言われて、愛されていると信じている女性たちがいました。しかし、いずれの場合も、彼との関係が駄目になったときに、その男性を引き止めることはできなかったのです。心の感動を得ないうちは、愛情は根付いていないからです。

運命の人に出会うとは、この「初めての感動」を与える相手に出会うということです。あなたが持っている気質や資質が、相手にとってはとても大切なもので、「初めて出会いました。感激しました」と感じさせるということです。

見た感じ、あまりぱっとしない女性がいました。彼女自身、太っていることでコンプレックスを持っていました。しかし彼女は、正しく魅力的に生きようと努力をしていました。そんなときに、友人の紹介でアメリカ人の男性と知り合いましたが、彼はその日から猛烈に彼女にアプローチをするようになったのです。彼は、彼女と心が通じ合うような気がする、しかもこれは初めて感じる気持であると彼女に言ったそうです。

無理をしなくていいのです。あなたは世界にたった一人しかいません。この女性のように、あなたがあなたを大切にして、好きになり、自分の生き方をしっかりと持つときに、誰かに初めての感動を与えることができるはずだからです。

観察はするけど判断はしない

恋愛を上手に進めるための、達人級の技があります。それは、相手を観察はするけれども判断はしないということです。この姿勢ができている人は、かなり恋愛体験を積んだ人です。彼女たちは男性をひきつける魅力がありますが、必ずしも同性から見て魅力的ではないために、「どうしてあの人がもてるのだろう」などと訝られたりします。

観察はするけれども判断をしないというのは、おかしいと思ったところは、よく見ておく、ということです。彼の行動や言動がおかしいな、と思ったら、自分の記憶に留めておいてください。しかし正しく判断できる情報が集まるまで、行動は起こしません。

彼に問い詰めたり、私をもっと愛してと言ったり、泣き崩れたり、無理なアプローチで彼を落とそうとしたりしません。これが判断しない、ということなのです。自分の考えを「ああでもない、こうでもない」と考えて、結論が出なくなってしまうからです。

恋愛でうまくいかないのは、彼の一言一言を判断しようとしているからです。そして、

不安になったり、喜んでみたり、どうしたら好きになってもらえるだろうと妄想し、幼稚なアプローチをしてしまうのです。気になることがあったら、「彼はこんな行動をした」「多分、彼はこんな気持かも、じゃあ、もう少し様子を見てみよう」「彼は今日、こんなことを言った」「ここの点は悪かったから謝ろう」これでおしまいです。あなたはもうそれ以上、「どれが一番正しいんだろう」などと考えて彼の行動を分析し、判断しようとしてはいけないのです。ずっと彼について考えていてはいけません。彼の本心はいずれ必ずわかってきますから、落ち着いて様子を見てください。

若い女性であればあるほど、このことは難しいはずです。彼のすることを逐一覚えていて、「彼はこんなことを言ってくれたけれども、これって好意？」と考え、一日中悩みます。いろいろな場に誘ってみて、彼の反応を見ては、「彼は恥ずかしがり屋なのかな」と悩んだり、それについて考えごとをしています。

彼との関係がうまくいかなくなると、「こんな言葉を言われた」「しかし、過去に彼はこういうふうに優しくしてくれたから、今も好きなはず」という二つの思いがあって、何も決められなくなります。そしてずっと悩んでいろいろな人々に相談をします。恋愛で動揺している女性は、そのときに落ち着きがないように見られるので、他の男性からも声がかかりません。

恋愛を他の人に相談したくなることは、わかります。どうしても苦しいときには友だちに頼ることも大切なことです。しかし相談する相手にも都合も用事もあります。相手の都合を考えられなくなった女性は、なぜか男性にも幼稚な印象を与えていることが多いのです。

不安を自分で支えることができるようになると、かなりインパクトのあるすてきな女性になります。そのような女性が少ないせいで、男性はそういった女性にひかれるのかもしれません。

少し人生の修行だと思って、苦しいときでも、彼に気持をぶつけず、占いの本を閉じて、他のことをしてみる時間を作ってください。今まで、あなたは占いばかりを見ていたかもしれません。でもそのように占いをしていても、結局はうまくいかなかった経験もあるはずです。一日中、彼のことを考えて思い悩んでいるのであれば、最初のうちは一日のうち、二、三時間でも、彼のことで悩んでいることを忘れる努力を始めてみてください。もしそのような姿勢で生きることができるようになると、恋愛上手になります。時間の使い方が数段上手になりますし、結局のところ、男性はそういう「恋愛中毒」の女性を見抜いているからです。

女性が相手のことでいちいち動じなくなると、男性も寄って来るようになります。それは、男性は女性よりも、子供に似ているからです。こちらから心配をしつづけるときには、子供は、「うるさいなあ。おかあさんは」と言って逃げていきます。心配されればされるほど、逃げたくなる性質が男性にはあるのです。しかし女性が何にも動じないと、「ねえ、これ、どうだったっけ」と子供のほうから寄って来てかまってほしいと周りをうろうろし始めます。ですから、このように彼のことばかり考えないようにすると、男性のほうが、「かまってよ」という気持になるのです。

彼は、あなたを大切にしてくれているでしょうか。観察してみてください。彼があなたに対して誠実ではなく、気になることが出てきても、「彼に私を好きになってほしい」とあがくことをやめてみましょう。「彼が誠実ではないと思えるから、放っておこう。私は私のしなくてはならないことをしながら、様子を見てみよう」と言えるようになってください。観察をされたけれども判断をされない男性はどうすると思いますか？「え、僕のこと、なんでかまってくれないの。誠実さが足りないのかな」と心の底で感じてもっと誠実になってくれるか、それとも「あっそ、俺は誠実にはなれないよ。じゃ、あばよ」と消えるか、どちらかです。いらない男性は、あなたの周りにいてもらわなくてもかまわないではありませんか。

彼の気持を変えようとするのではなく、あなたが彼に対してどうするかを決められる女性になると、男性のほうが不安になってかまってほしくなるのです。

時が解決する問題

問題の中には、時が解決する問題、というものがあります。恋をしていると、「時なんかに任せておけるか、どうしても今、なんとかしたい」と感じます。それほど恋のストレスが強くかかっているのです。

けれども、力任せに動いていると、捩じ曲がってしまってうまくいかないことも確かにあります。

傷ついているとき、あがくことをやめると、時はその傷を癒す薬になります。時はあなたが今持っている、「彼がいないと駄目」「今、運命の人に出会いたい」という思いを上手に癒してくれます。

あがく気持はかさぶたになっていて、新しいきれいな皮膚を覆い隠してしまっています。そして時がぽろっとかさぶたをはずしてくれると、なんてきれいな皮膚なんだろう、と思えるような新しいぴかぴかの皮膚が下にできていることだってあるのです。

時には素晴らしい力があります。夢を叶えて、不思議な出会いをするとき、「あれ、今までのことって、このためにあったんだな。あのことを学ばなければならなかったから、このことに気がつかなければならなかったから」と気がつきます。それが時の魔法です。

でも、時をあなたの味方にするには、あなたも時の味方をしなければなりません。未来ではなく、過去ではなく、「今を生きる」ということで、時の力を引き出さなければならないのです。

今の心の痛みは痛いですか。感じてみましょう。こんな私は嫌だから、「今すぐ、彼氏がほしい」と逃げるのではなく、「大事な私、今、私は孤独なんだね」と見つめてあげてください。今、うれしいですか。そうしたら、「こんなに幸せで、未来はどうなっちゃうんだろう」なんて不安がらずに、今、それを味わってみてください。

過去を見ているときでも、時はあなたを助けてくれようとします。でもあなたが両手で過去を握り締めたまま、時に助けの手を差し伸べてもらおうとするから、時だってあなたを抱きかかえられなくて、困っているのです。未来ばかりを空想していても、今をちゃんと味わうことができないと、時はなかなかあなたの未来を創ることができません。

あなたは気がつかなかったかもしれませんね。しかし時は生まれたときからあなたの傍らにいて、あなたを守ってくれていたのです。

今、できることを精いっぱいすること、そして、ふさわしいときに、ふさわしいところで、ふさわしい人に必ず会えるように願って時に任せること、すると、時はその願いを最もふさわしい方法で叶えてくれるのです。

本当はできていない、幸せになる覚悟

あなたは何のために運命の男性に出会いたいと思いますか。あるいは、なぜ、今の彼と結婚したいと思っていますか。幸せになりたいからですか。そうですね。幸せになりたいからです。

でも、「よい男性と知り合いたい」という女性の中には、心の底では幸せになりたいと思っていない女性もいるのです。

心の中の働きは面白いもので、心の奥底に持っている気持がそのまま実現されると言われています。幸せな結婚をしたいと考えているのに、**「私は結婚したいのに、いい人が現われないかもしれない」と心配をしていると、その心配のほうが実現してしまうこともあります。**いい人が周りからいなくなってしまうのです。

カウンセリングで結婚できないと嘆いている方々の心の中を探っていくと、「幸せになれないのは、今彼がいないから」と深く思い込んでいる女性が多いことに気がつきま

す。心の底で、「私は一人だから幸せになれないの」と思い込んでいるのです。

もっと深く考えてもらうと、「私は一人で不幸なの。なんて不幸なんだろう」と、それが自分自身になっているのです。幸せになりたいと焦っているのに、気持は「私は一人で幸せになる資格なんかない！」と、一生懸命に自分に言い聞かせています。

時として、「私は一人だから幸せではないの。どうして、誰のせい？」と心の中にずっと言っている女性もいます。誰かに幸せにしてほしいし、幸せになるのは私一人ではできない、と考えているのです。

でも待ってください。幸せになりたいのは、誰でしょうか。誰の責任でしょうか。

幸せになるのは、幸せなできごとが起きてからと思っていると、なかなか幸せはやってきません。受験して合格したいのであれば、合格するために努力をします。幸せになるのも一緒なのです。そのできごとがやってくるのではなくて、今、幸せになることを始めると、幸せになることが起きるのです。

この発見は面白いものでした。ずっと不幸だ、結婚できていないから不幸だ、と考えている女性がそのような考え方を捨てると、男性に出会うことも実際にあったのです。

幸せになることは、祝福であると同時に、あなたに与えられた義務なのです。今の状況で、どうやって幸せになれるでしょうか。今、あなたが、彼がいないと何もできないと考えている状況は本当にそうなのでしょうか。愛されていないから不幸なのでしょうか。愛されるとは、あなたにとってどういうことでしょうか。甘やかされることですか。話を聞いてもらうということでしょうか。では、そのように自分を大切にすることは、自分自身では無理なことですか。

ひょっとしたら、あなたの心は、今の考え方のままでは、結婚で幸せになれないことを本当は知っているのかもしれません。**結婚で幸せになれるのは、自分で幸せになれる自立した同士だからです。**

それでもあえて、「今は結婚すればすべて問題解決」と思っているのかもしれません。しかし隠された気持として、「私はあなたたちと違って不幸」ということがその人のアイデンティティーである場合もあります。それはその人によって違いますが、隠れた考え方が誰にでもあります。

厳しいようですが、相手に幸せを運んでもらおうと思っては駄目です。反対に、男性が「あなたに幸せにしてもらおう」と考えていると想像してみてください。彼は、優しいあなたが支えてくれたら、すべて問題解決と思っているのです。ですから彼は気持が不安定で、少しのことで動揺する癖を持っています。そしてあなたと結婚しても、自分を幸せにしてくれないと悲しくなってきます。そして、「なんでお前はこんなことができないのだ」と責め立てます。それでは、あなたはあまり幸せではありませんね。男性にとっても同じなのです。いくら愛して幸せにしてあげていても、自分で幸せになる決意をしていない女性は、そのうちに「なんで私のこと、もっとわかってくれないの。私のことをもっと愛してくれると思ったから、結婚したのに」などと言い出すようになります。

男性だってそのような女性とは一緒にいても楽しくありません。今幸せを感じられないなら、結婚しても同じです。「彼は私を幸せにすると思ったのに、仕事ばかりしている」と泣いてばかりいる奥さんも実際にいるのです。結婚前に持っている問題は、結婚後も形を変えてあるからです。

あなたが幸せな結婚をいつできるかについては、明確な答があります。あなたが、あたかも結婚しているのと同じように自分自身を満たすことができたときです。そのときに、「私に素晴らしい伴侶が現われる」と考えると、すっと頭に入るのがわかるはずです。今までそのように考えても、抵抗があった言葉だ、心から信じられるようになります。そのときに、伴侶は現われます。

あなたは自分が幸せになれるように、今、あなたの現状で何をしていますか。心にどのような栄養を与えていますか。どのような状況に自分があっても、今幸せになると決心をしていますか。

人は幸せになりたい、なろうと決心をするとき、周りが動き始めます。そして幸せになる方法が与えられるのです。

幸せになるには、自分とのお約束を守ること

幸せになる人は偶然に幸せになるのではありません。信頼し合える夫婦関係を築くのであれば、そういった「相手」と結ばれなければならないし、目の前にある誘惑をはねつけなければならないときもあるのです。

健康になりたいのに、ストレスがたまって麻薬などの薬物を使用すれば、健康にはなれません。一時的に体の痛みをとるために麻薬を使用しても、それは本来の健康とはかけ離れたものです。

恋愛でも、人は一時的な幸せにすがりついて、本当の幸せを手に入れられないことがあります。目の前にある幸せにすがりついていないと不安で、決して満足のいかないことに執着してしまうのです。やはりそれでは幸せになれなかったと後から思う、そんなことがよくあるのです。

離婚したすぐあとの女性の中には、心の傷を癒したくて、正しくない相手を引き寄せている人もいました。ご主人が浮気をして離婚し、その傷を癒すために男性に出会いたいという気持が強いのです。そのために、何かしら問題のある男性と出会ってしまっていました。

そうすると、その男性とずっと一緒にいることで、他の出会いがなくなってしまっています。気持はよくわかります。夫を失い、その男性も失ったらどうなってしまうのかという気持が湧くのは当然です。けれども、彼女が何か問題のある男性をひきつけたのであれば、正しい男性も引き寄せる力を持っているはずです。そしてその力を解放する第一歩は、自分がよい方に方向転換をする、ということです。**もし自分で方向転換することが難しければ、心の中ですべてがよい方向にいくと信じてください。それが信じられるようになると、方向を転換するようなことが起きます。**すべての面で、すべての人にとって良い道が示されると信じることは、容易ではないようです。信じたくても、「彼を失うことになったら、どうしよう」と恐れているからです。

もし、彼との間にどうしても解決できない問題があるならば、「すべての人が心から幸せで、ありがとうと言えるような解決方法が現われる」と考えてください。あなたも、彼も、ニコニコ笑っていて、本当に幸せです。**自分が抵抗のない方向で信じていると、そのようになるから不思議です。**

ある女性は、離婚後、すぐに声をかけてくれる男性が現われました。その男性には、なんと奥さんがいたのです。次に好きになった男性は、優しく誠実で、今度こそうまくいくと思っていました。しかしその男性にも同棲している女性がいたのです。

彼女は、自分には何かがあると考えました。そしてカウンセリングを受けて心の中を探り、誰かがいないと幸せではないと考えていることに気がつきました。夫から受けた傷を自分で癒すのではなく、人に癒してもらいたいと考えていたのです。ですから傷を癒せるように、知らず知らずのうちに自分が逆に愛人になる立場を選んでいました。妻として傷ついた部分を、愛人として癒していたのです。彼に少し変なところが感じられても、そこには目を向けずにいました。そして、すぐに相手に打ち解け、相手と親しくなっていました。そのような姿勢があったので、間違った男性とつき合うことになったのです。

彼女はその彼と別れた後、一年間、一人でじっくりと自分自身を見つめました。四〇歳を目前に控えている女性でしたから焦りもありました。けれどもその一年間の間、自分自身でも楽しく暮らせる自信ができたのです。すると、一〇歳年下の男性が声をかけてくれましたが、今度こそ彼女にとって、彼は運命の人でした。

彼女の場合、心から自分で大丈夫と思えるようになるのに、一年間かかりました。しかしそのような期間は、必ずあなたに素晴らしい贈り物を持って何倍にもなって返ってきます。

イメージングと妄想の違い

イメージングをすると運命の人に会える、そのように聞いたことはあると思います。でも、イメージングが叶う人と叶わない人がいるのはなぜでしょう。

イメージングが叶う人は、イメージングする内容が叶ってもいいと思っています。イメージングが叶うことに怖さがないのです。

イメージングが叶わない人の話を聞くと、心から求めていることではないことを願い求めていることがあるのです。それがないと怖いからとか、自分が不充分であるから、相手がほしいとか、そのような恐れから夢を叶えようとしても、なかなか思うとおりにいきません。

そのように、叶わないイメージングというものがあります。心の裏側にある「今が満足できないから、心の中で楽しもう」というお遊びですが、これを妄想といいます。

男性はよく、アダルトビデオなどを見て妄想しますが、あれは現実になりません。アダルトビデオの数だけそのようなことが現実に起きていたら、恐ろしいことになってしまいます。ただ、妄想の場合は、自分を傷つけることがあります。心の中に犯罪の妄想を蓄えてしまうと、いずれは自分がその犯罪を実行してしまうからです。ですから危険な妄想をしてはいけません。誰かを傷つける妄想は、自分を傷つける結果になるからです。

妄想は、今が不充分なので、心の中で満足してしまおうという、心の働きです。こうなったらこうなって、という楽しいものが次々思い浮かびますが、それが一つとして実現しないのであれば、それは「今が満足できないから、頭の中で遊ぼう。ああ、面白かった」で、終わってしまっているからです。

「捨てられたくないから結婚したい」という望みを考えてみるならば、それは、あなたの本当の望みではありません。捨てられたくないから、しかたがないな、面白い妄想でも見て満足しましょう、と脳は感じています。

つまり、**イメージングを妄想でなくすためには、「したいこと」が「どうしてしたいのか」が心の底からわからなければなりません。そして、その夢を叶えるためにも、「何をするのか」ということがわかっていなければなりません。**小さなことでもかまいません。実行に移すことで、妄想がきちんとしたイメージングになるからです。

あなたの結婚したい気持に、何か不自然なことはないですか?

あなたの本当の夢はなんでしょう? なぜ、その夢は叶えたいのですか? 誰のために? そのために、どこへいって、誰に会いますか? 一週間のうちに、何をしてみますか。心の声を正直に聞くと、奇跡は起きます。

まずはふりから

今までこの本をお読みになった方は、どのように感じられたでしょうか。自分の中に、ひょっとしたら、すべての問題の解決法があるのではないかと、感じておられるのではないでしょうか。

恋愛で苦しむとき、「私にはどうしようもない」「どうにもできない」と考えて傷つき

ます。しかしカウンセリングをしていて感じることは、すべての答えは、その人の心の中にあるということです。その人の中には、今の問題を解決する素晴らしい力が必ずあるのです。

人は素晴らしい存在です。ただ自分自身でそのことに気がつかないだけなのです。さまざまな人と自分を比べて、「なんで私だけ」と考えたとき、その素晴らしさに気がつかなくなってしまっています。

もう一度、信じてください。あなたは確かに愛されるために生まれてきました。地上でたくさんのよい行いをし、そしてあなたにふさわしい人を愛するために生まれてきたのです。あなたがこの地上に生を受けたときから、あなたは両親に喜ばれ、愛されてきました。ご両親が愛を学ぶために、ご両親に喜ばれるためにやってきたのです。

もし、あなたにご両親がいなかったり、ご両親が愛してくれなかったのであっても、それはあなたに愛される価値がないからではありません。この地上で何かを学び、本来愛されるはずのあなた自身を取り戻すためにこの地上にやってきました。そして愛する能力を失ったご両親や周りの人々を助けるために、愛らしい赤ちゃんとしてこの地上にやってきたのです。

愛してくれる相手が現われたり、自分を変えていく自信ができましたか。
最初のうちは、ふりだけでもいいのです。ふりをしてみてください。愛されているふり、愛されていたらどんなにあなたは幸せでしょう。他の人に対しては、優しくなれますか。二人でいたら周りのものも美しく見えますか。でしたら、そうしてください。幸せなとき、あなたはどんなふうに話しますか。他の人から何か言われても、寛容になれますか。でしたらそのように行動してください。

ふりをすると、その現象が起こってきます。あなたの心が、愛する喜びで満たされたときに、奇跡は起きるでしょう。

あなたが本来の自分の素晴らしさに気がつき、愛し愛される喜びを味わう機会に恵まれますように祈っています。

あとがき

　愛されたいと願っているのに、愛されないとしたら、それには確実に原因があります。長続きしない恋愛にはそれなりの、長く続いたのに駄目になった恋愛にも、やはりそれなりの原因があるのです。

　皆さんも、お友だちの恋愛相談に乗ったことがあるでしょう。「この関係はもう駄目だろうな」と感じることもあったと思います。それは本能的に、「こういったことをしたら恋愛はうまく進まない。こういった関係になって、彼がこういう行動をとるときは、もう彼は彼女を愛していない」と感じているからです。つまり、皆さんも、恋愛には法則があることを、知っているのです。テレビのドラマを見て、「この女性は愛されるな」「この女性は彼に一生懸命尽くしているけど、振られるな」とわかってしまうのも、恋愛には愛される方法と、愛されない方法があることに気がついているからです。恋愛には原因があり、そのために結果が生まれてきます。ですから、カウンセリングでその方の恋愛を駄目にしている考え方を変えると、途端に恋愛がうまくいきだした、そういう例も少なくありません。

この本では、運命の男性に出会える方法をお伝えしています。恋愛をするときにどのような癖があると、どういう恋愛になりやすいか、そういった恋愛の癖をどのように改めて、愛されるようになるのかを書いています。また、男女の考え方、感じ方の違いについて、幅広く深くまとめてありますので、彼のためになると信じてやっていることが彼に鬱陶しがられる、そういう行き違いも、相手の気持がわかれば起こらなくなります。お互いに感じていることが違うことがわかれば、愛情をもっと確かな方法で育てることができるのです。また、恋愛をどう進めたら心から愛される関係を築けるのかについて、具体的に、今までのカウンセリングで幸せになった女性たちの経験からお伝えしています。

この本でお伝えすることは、すべて、有効なものばかりです。机の上で理論的に幸せになる方法を説いたのではなく、実際に多くの女性が幸せになった方法です。カウンセリングを受けた女性たちは、自分自身の考え方の癖を変える方法を実際に試しました。すると、いつも自分の理想とはほど遠い人にしか好かれなかった女性の中にも、理想の男性とつき合えるようになった方々も出てきました。今まで同じような別れ方を繰り返していた女性でも、幸せな結婚まで行き着いたのです。

そこでこの本では、長く愛されて愛情を深めていく方法に絞ってあります。現在はさまざまな恋愛の本が出版されています。しかし、そういった本の中には、彼女になるための方法を説いていて愛情を深くする方法を伝えていないために、結局は一年ぐらいでうまくいかなくなることもあります。また、男性を刺激して体の関係を築いてしまうことをすすめているものもあります。恋愛では、間違った方法を使うと、「お母さんとして」「友だちとして」「ホステスとして」好かれて、「女性として」尊重されず愛されない関係になることもあるのです。

本書によって、少しでも多くの女性が理想の男性と出会い、心から信頼し支え合える素晴らしい関係を築かれるように心から願っています。

キャシー天野（きゃしー　あまの）

東京生まれ。成城大学法学部卒業後、資料翻訳、通訳などに携わる。翻訳書には、E. ファイン、S. シュナイダー著、『The Rules Japan 恋と結婚の〝ルールズ〟』（青春出版社）がある。日米両国の心理学、潜在能力開発法、恋愛法則などを独自に勉強し、「その人の考え方の癖がいろいろな問題を作り出している」ことに気がつく。自らも、病院では治らなかった過食嘔吐症を自力で克服した経験をもつ。

恋愛相談では、個人が深層心理に抱えている考え方の癖を変えることで、さまざまな問題を解決する方法を指導している。現在、ブログの恋愛相談室は１日に3000程のアクセスがある人気のホームページとなっている。

恋愛上手
とっておきの方法

平成17年３月10日　第１版第１刷発行
平成21年10月１日　第１版第６刷発行
著者＊キャシー天野
発行者＊大山高次郎
発行所＊株式会社グラフ社
〒150-0011　東京都渋谷区東1-26-26
電話・(03)3409-4610
振替・00120-5-55778
http://www.graphsha.jp
印刷所＊中央精版印刷株式会社

ISBN978-4-7662-0867-2 C0095